中国历史悬疑系列

◎俞钢 范荧 主编

秦汉魏晋南北朝卷

上海辞书出版社

图书在版编目(CIP)数据

中国历史悬疑系列·秦汉魏晋南北朝卷/俞钢,范荧主编.—上海:上海辞书出版社,2016.1
ISBN 978-7-5326-4522-0

Ⅰ.①中… Ⅱ.①俞…②范… Ⅲ.①中国历史-秦汉时代~魏晋南北朝时代-通俗读物 Ⅳ.①K209

中国版本图书馆CIP数据核字(2015)第269282号

中国历史悬疑系列·秦汉魏晋南北朝卷
俞钢 范荧 主编
责任编辑/刘琼 封面设计/汪溪

上海世纪出版股份有限公司
辞书出版社出版
200040 上海市陕西北路457号 www.cishu.com.cn
上海世纪出版股份有限公司发行中心发行
200001 上海市福建中路193号 www.ewen.co
浙江省临安市曙光印务有限公司印刷

开本890毫米×1240毫米 1/32 印张9.625 插页1 字数203 000
2016年1月第1版 2016年1月第1次印刷

ISBN 978-7-5326-4522-0/K·1020
定价:30.00元

出版说明

《中国历史之谜》是已故李培栋先生主持的一个出版项目，自 1996 年出版以来深受广大读者欢迎。2003 年又先后出版了《中国历史之谜》（修订本）与《中国历史之谜 · 续编》，继续得到了读者朋友的支持。

2013 年之后，我社根据图书市场需求，对《中国历史之谜》及修订本、续编和《中国文物之谜》等书进行梳理，按照朝代顺序，增补和删除部分篇目，并吸收历史学、考古学等学科的最新研究成果，最终整合为成规模的一套中国历史悬疑系列丛书，分为先秦卷、秦汉魏晋南北朝卷、隋唐五代卷、宋元卷和明清卷，整体推出。

特此感谢《中国历史之谜》的作者王廷洽、曾维华、俞钢、范荧、吴松弟、曹朔、邵雍、顾汉松、俞如云、恽菊珍、张莉、谢宝耿、丁光勋、董淮平、吴强华、沈逸波等，以及改写者范荧、俞钢、曹朔，《中国历史之谜 · 续编》的作者范荧，《中国文物之谜》的作者王俪阎。本套丛书在编辑出版过程中，得到主编俞钢与范荧的鼎力支持，薛璞喆参与了本卷的选编，在此一并表示谢意。由于编辑时间仓促，书中难免存在一些瑕疵，敬请读者批评指正。

上海辞书出版社

2015 年 11 月

目　录

秦人究竟起源于何方

公元前 221 年，我国历史上第一个统一的中央集权制的封建政权诞生，嬴姓的秦人建立了这一大帝国。相对于中原地区的华夏诸国来说，秦原是一个经济、文化都较为落后的部族。周平王元年（前 770），因秦襄公护送平王东迁有功，才跻身于诸侯之列。齐桓公称霸时，仍被拒绝参与会盟。这样一个相对落后的部族，最终却在战国诸雄中卓然成功，完成统一大业，这就使历史学家对秦人的早期情况，特别是起源问题，产生浓厚的兴趣。但是，秦人早期历史的材料十分缺乏，直到秦文公十三年（前 753），才“初有史以纪事”。有关其起源问题，只能靠《史记》中有关资料来推测，于是就产生许多歧异，大致有秦人“东来说”和“西来说”。

人们过去普遍认为，秦是西北地区的部族成员。王国维在《秦都邑考》中指出：“秦之祖先，起于戎狄。”而戎狄一般聚居于西北地区。蒙文通根据《史记·秦本纪》中申侯所说“昔我先郦山（今陕西骊山，古骊戎居此）之女，为戎胥轩妻，生中潏（秦人祖先）”之语推测，胥轩为戎，当非华族，此秦之父系应为戎；申侯之先为骊山之女，亦当为戎，则秦之母系亦为戎，父母系皆为戎，则秦人为戎族可确定无疑。此外，还可以举出一些例证，如一些先秦典籍中称秦人为“狄”

或“戎狄”；春秋战国时期，华夏诸国将秦当戎狄看待；商、周时代秦人一直在西方活动，没有迹象表明此前曾有一次由东向西的民族大迁徙；湖北枝江出土的铜钟铭文写有“救秦戎”的字样。总之，秦人起于戎狄，活动于西北地区。此说为较普遍的观点，有限的文献资料似已证明了这一论断。

然而，现代有些学者提出了秦人与殷人同出东方的看法，认为殷人也曾被称为“殷戎”，因而“秦戎”“狄秦”之类称呼，不足以证明秦人是戎狄。在殷商时期，秦人是从属于殷商的一个部族，殷商亡后被迁到今陕西地区，成为周人的奴隶。周成王时，秦人参加反周大叛乱，失败后再次西迁，成为后来秦国人的祖先。此说也有一些史实可以证明，如秦人与殷人均以燕为图腾，共奉“玄鸟”为祖先；都是以游牧、狩猎为主要生产方式；殷制天子墓为亚字形，诸侯墓为中字形，界限分明，而在七个秦公陵园二十二座大墓中，只有中字形墓、甲字形墓，绝无亚字形墓，说明秦的墓葬形式循殷制。秦人与殷人的祖先关系如此密切，而殷人早期活动于我国东方既已是不争之论，那么秦人的祖先也应生活在我国的东方。据此，这些学者还进一步推断秦人的发祥地在今山东境内的莱芜、泰安一带。

秦人究竟起源于何方？这一问题仍在探索研究之中。

秦是否尚水德

秦始皇统一全国、建立秦王朝后，为了加强统治，巩固皇位，除建立起一套专制的政治、经济和军事制度外，还极力鼓吹“五德终始说”，为其统治制造理论依据。但是，关于秦代尚“五德”中的哪一“德”，目前仍有不同看法。

《史记·秦始皇本纪》载：“始皇推终始五德之传，以为周得火德，秦代周德，从所不胜。方今水德之始，改年始，朝贺皆自十月朔。衣服旄旌节旗皆上黑。数以六为纪，符、法冠皆六寸，而舆六尺，六尺为步，乘六马。更名河曰德水，以为水德之始。”这里，司马迁不仅明确说秦尚水德，而且还详述了秦尚水德的缘由，以及因崇尚水德对当时制度、习俗的影响。不少学者据此认为，秦尚水德，并以出土文物资料与“数以六为记，符、法冠皆六寸，而舆六尺”相吻合，加以佐证。如在秦始皇陵出土的铜车马，其轮径是秦的四尺二寸，舆广（车宽）与衡长均近六尺，辕长一丈八尺，轴长一丈，轨宽七尺二寸，铜合页边长六寸六分。这些数据中，除轴长为整一丈外，多是六或六的倍数。此外，秦代“分天下为三十六郡”，三十六乃六的自乘数；秦代刻石，多以三句为一韵，一句四字，三句共十二字，为六的倍数。

有学者则不同意上述观点。《史记·封禅书》记载说，刘邦称帝后的第二年，曾问臣属：“故秦时上帝祠何帝也?”对曰：“四帝，有白、青、黄、赤帝之祠。”高祖曰：“吾闻天有五帝，而有四，何也?”莫知其说。于是高祖曰：“吾知之矣，乃待我而具五也。”乃立黑帝祠，命曰北畤。这段记载说明，秦人不曾设黑帝祠，不祀黑帝。按五行五德说，秦人既得水德尚黑色，就应该建立黑帝祠，祭祀黑帝。但是从史书记载看，秦人不仅不祀黑帝，相反却崇尚和祭祀白帝。同时，证之其他文献记载和考古资料，秦代也并非绝对“数以六为纪”，也有以五、以四为纪的，而主要是以四为常数。另外，在秦都咸阳三号宫殿遗址出土壁画上，着长袍的人物，服色分别为褐、绿、红、白、黑色。秦兵马俑坑出土的士兵俑服饰，也有红、蓝、绿、赭等十二种颜色。《史记·封禅书》还记载，秦人在参加隆重的祭祀活动时着白色服装，说明秦人在各种颜色中是尚白色的。因此，说秦人尚水德，值得商榷。不过，也有人对此说提出质疑，认为秦祀何帝与秦尚何德，并非一回事。至于阴阳五行说中的颜色、数目，只是为了增加人们对于某种事物的神秘感，从而使人对君权产生畏惧心理，使其神圣化，绝无必要亦无可能做到任何事物都与黑色和“六”之数相符。

略观上述，秦是否尚水德，还值得探究。

秦始皇出生之谜

史书记载秦始皇，常有三个名字。一是嬴政，这是就其总根而论，因为“秦之先为嬴姓”。二是赵政，因为秦始皇是他父亲秦庄襄王在赵国当人质的时候所生，故姓赵氏。三是吕政，这是指秦始皇乃吕不韦幸姬带孕而嫁后所生，实为吕不韦之子。千古一帝的秦始皇乃是一商人的私生子，这种说法早已随着一些电视剧的渲染而根植于人们的心里，但历史事实究竟如何，还值得一议。

秦始皇为私生子之说并非空穴来风，《史记·吕不韦列传》明文记载：“吕不韦取邯郸诸姬绝好善舞者与居，知有身。子楚（即庄襄王异人）从不韦饮，见而说（悦）之，因起为寿，请之。吕不韦怒，念业已破家为子楚，欲以钓奇，乃遂献其姬。姬自匿有身，至大期时，生子政，子楚遂立姬为夫人。”东汉高诱为《吕氏春秋》作注，其序也曰：“不韦取邯郸姬，已有身，楚见说之，遂献其姬。至楚所，生男，名之曰正（政），楚立之为夫人。”两汉迄至宋元，私生子之说，未见有异议，如唐代司马贞的《史记索隐》就释吕政曰：“吕政者，始皇名政，是吕不韦幸姬有娠，献庄襄王而生始皇，故云吕政。”

及至明代，王世贞《读书后记》怀疑《吕不韦列传》这段记载的真实性，提出两条理由：其一，《吕不韦列传》明言秦始皇之母乃邯郸歌姬，但在记载子楚出逃归秦时却又记："子楚夫人，赵豪家女也。"歌姬与豪家女，身份相差何其大也！说明《史记》记载的不可靠。其二，《吕不韦列传》曰："姬自匿有身，至大期时，生子政。"期，一年也。所谓大期，是指十二个月足后分娩。按常情，女子发现"有身"，已在得孕后一二个月间，赵姬改归子楚后居然还能在十二个月后才分娩，这是违背生育规律的。过去，野史总将这一奇异情节归结为秦始皇的真命之相，事实上，更说明《史记》的记载值得怀疑。

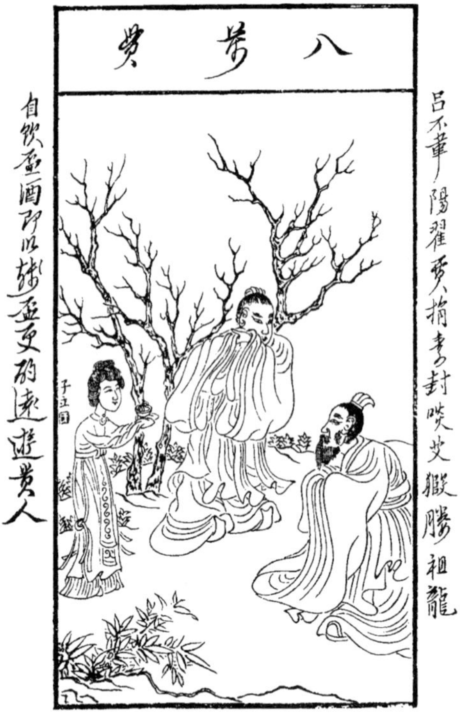

又有人发现，在《战国策·楚策》中，有春申君和女环的事，与吕不韦的轶事如出一辙。赵人李园有妹环，欲进于楚王，但听说楚王"不宜子"，唯恐妹妹进宫后因无子宠爱不得长久。于是兄妹密谋先将环献于春申君，等怀孕后又劝诱春申君说："妾之幸君未久，诚以君之重而进妾于楚王，王必幸妾。妾赖天而有男，则是君之子为王也，楚国封尽可得，孰与其临不测之罪乎？"春申君"大然之"，果真进女于楚王，遂生子男，即

●［清］陈洪绶《博古叶子·吕不韦》

以后的楚幽王。《战国策》既然能将春申君的故事记得一清二楚，而秦国也是战国时期重要国家之一，为什么关于吕不韦偷天换日，有关秦国血脉的事却只字不提，要等到西汉时的《史记》才来记载?

因此，明人汤聘尹在《史稗》中指出：秦始皇乃吕不韦之子，是“战国好事者为之”。明代学者王世贞也持此说，他在《读书后记》中指出：这可能是吕不韦有意编造，目的是想长保富贵；也有可能是吕不韦门客和六国遗老编造，主要是为了泄愤。清代学者梁玉绳在《史记志疑》中则表达了相同的看法:《史记》的这段记载，是从传闻中得来，非从考实得来，司马迁自己也并不真相信此事，故在行文中有所保留。近世郭沫若《十批判书》也怀疑吕不韦为秦王政生父之事，指出三个疑点：第一，仅见《史记》而为《战国策》所不载，没有其他的旁证；第二，和春申君与女环的故事如同一个刻板印出的文章，情节大类小说；第三,《吕不韦列传》又有“子楚夫人，赵豪家女”之说，显然与上述故事自相矛盾。他推断，这一轶事可能流传于西汉初年吕后执政时期，是吕氏集团仿春申君和女环的故事而编造的，目的是为吕氏称制制造舆论。

然而,《史记》的历史地位还是让不少学者不肯轻易怀疑它的记载，他们认为，明清学者乃至郭沫若先生的论断都只是臆测而没有足以说明问题的论据，司马迁的记载虽然有矛盾之处，但他的著史风格一向是以严谨、直笔著称而从不以猎奇取胜，所以，如果没有令人信服的证据，就不应该随便怀疑《史记》的记载。其中，郭志坤《秦始皇大传》对郭沫若的观点，作了针锋相对的批评。他以为，第一,《史记》的记载有不少为《战国策》所不载，没有旁证，照样保持《史记》的真实性；第二，春申君与女环的故事，出于《战国策·楚策》。《史记》所载的故事与此相类似，并不能否定《史记》记载的真实性，只能说明这种斗争手段，在当时是被不少政治上的风云人物所运用的；第三，并没有自相矛盾。司马迁说吕不韦取“邯郸诸姬绝好善舞者”献于子楚，此“姬”即为“赵豪家女”，完全说得通。郭志坤进一步引证班固称秦始皇为“吕政”之说。裴骃《史记集解》：“吕政者，始皇名政，是吕不韦幸姬有娠，献庄襄而生始皇，故云吕政。”郭志坤还指出：“说秦始皇是私生子，并不影响他统一中国的伟大形象。”并举例说孔子、耶稣都是私生子，但并不因此损害他们的形象。

史学家既然还没有解决这一千古之谜，那么也只好由那些描写秦始皇的电视剧继续“戏说”下去了。

秦始皇形貌如何

秦始皇是我国历史上第一位皇帝，虽然后人对其评价褒贬不一，但是他建立大一统封建帝国的历史功绩，是无法抹杀的。关于他的长相如何，出于现代舞台形象或绘画作品的需要，倒是有必要力求还原其真实面貌。

关于秦始皇的形貌，《史记·秦始皇本纪》有一段记载：“（尉）缭曰：‘秦王为人，蜂准、长目、挚鸟膺、豺声，少恩而虎狼心。’”据此，有人指出，秦始皇的相貌是无法恭维的，因为蜂准、长目、挚鸟膺、豺声都是生理上的残缺。所谓“挚鸟膺”，就是医学上所说的鸡胸，这是软骨病的一种症状。“蜂准”应该就是马鞍鼻，鼻梁凹陷。“豺声”则表明秦始皇有气管炎。软骨病患者，骨的发育不正常，因而胸廓、鼻梁的形状都发生变异，胸、鼻的畸形，又造成气管炎或支气管炎的经常发作。至于“长目”，则疑应作“马目”，这样才能与蜂、挚鸟、豺、

秦始皇

虎狼等相对应。“马目”是眼球突出的病状。综上所述，秦始皇不仅丝毫谈不上相貌堂堂，而且多病缠身，难怪他脾气那么暴躁。

也有学者持不同意见，认为不能以丰富的想象和现代医学知识取代历史事实。推断秦始皇为软骨病，虽然是一种大胆、新颖的见解，但尚欠足够的证据。同时，《史记》所载，只是尉缭之语。尉缭在战国末入秦游说，帮助秦始皇策划统一六国大计，被封为国尉，故称尉缭。他是个游士，而非医生，对人体的观察与判断都不见得有科学依据。此外，对尉缭的描绘稍加推敲，就可发现明显具有咒骂、贬低秦始皇的意味。谁能说其中没有夸张或歪曲的成分呢？

秦始皇有没有坑儒

“焚书坑儒”是秦始皇加强专制统治的措施之一，千百年来人们在把这位“千古一帝”指责为暴君时，总忘不了提及“焚书坑儒”。新中国成立后，学术界就秦始皇的评价问题多次展开热烈讨论，其中“焚书坑儒”乃是争论最激烈的一桩公案。实际上，有关“焚书坑儒”的一个基本问题，即秦始皇有没有“坑儒”，也还存在疑问。

据《史记·秦始皇本纪》载，始皇三十四年（前213），秦始皇采纳丞相李斯的建议，下令把秦国以外的史书和民间收藏的《诗》《书》及诸子百家之书，全部烧毁。次年，一些为秦始皇觅求不死仙药的方士，因为旷日持久而没有效验，怕骗术被拆穿，就和一些儒生串通，私下诽谤秦始皇“刚戾自用”“专任狱吏”“乐以刑杀为威”，认为始皇既然“贪于权势至如此，未可为求仙药”，于是相继逃亡。秦始皇闻讯大怒，令御史迅速查办。方士与儒生遂转相牵连告发，结果查出犯禁者四百六十余人。秦始皇为“使天下知之，以惩后”，将这批人全部坑杀于咸阳，这就是历史上“焚书坑儒”的经过。

但有学者提出，秦始皇“焚书”有之，“坑儒”则无，所谓“坑儒”实是“坑方士”之讹。当时秦始皇主要针对方术之士大开杀戒，儒生被坑杀者虽有，但为数不多。从历史上看，儒家在秦朝的地位，比以往大有提高，秦始皇的“坑方士”行动，对秦代儒生的社会政治地位，并未造成大的影响。因此，当时以至于汉初的儒家学者，对这一事件不甚介意，极少有言及者，直至西汉中期才为人们注意，称之为“坑杀术士”。

西汉始元六年（前 81），始有桑弘羊提出秦始皇“坑儒”这一说法，这时距秦始皇去世已有一百多年了。此后，历代儒家学者为了弘扬孔孟仁义之说，都把“焚书坑儒”作为反面教材，进行抨击。即便如此，儒学家中仍不乏持保留态度者，如唐代韩愈、北宋司马光，对“坑儒”之说采取回避态度，而称“坑杀学士”，或谓“屠术士”。可见，秦始皇的“坑儒”并不是一桩“铁案”，也许秦始皇是白白地担当了中国学术史上的罪人，承受了两千年的唾骂。

与上述意见相反，则有人认为秦始皇不仅“坑儒”，而且还坑了两次。《汉书·儒林传》颜师古注引东汉卫宏《诏定古文尚书序》说：“秦既焚书，患苦天下不从所改更法，而诸生到者拜为郎，前后七百人，乃密令冬种瓜于骊山坑谷中温处，瓜实成，诏博士诸生说之，人人不同，乃命就视之。为伏机，诸生贤儒皆至焉，方相难不决，因发机，从上填之以土，皆压，终乃无声。”这一次坑儒，规模较第一次更大，手段也更为残忍毒辣，而且为掩天下人耳目，做得十分机密，使真相被隐瞒了二百五六十年之久，直到汉光武帝时代，才被卫宏揭露出来。此说留下了确切的文字资料，但人们不禁要问，第二次坑儒发生在哪一年？距秦王朝二百多年的卫宏，是从哪里获取这一史料的？这一说究竟是古人道听途说、以讹传讹，还是咸阳那次“坑儒”的又一种传说呢？仍值得推究。

秦攻百越动用了多少兵力

秦始皇统一六国之后，为了加强对边疆地区的统治，曾调用重兵南下攻打“百越”。多年来，每提到秦始皇进军岭南的兵力时，史学家几乎是众口一词：五十万。这个数字是否可靠呢？

最早记载这个数字的是《淮南子·人间训》，其云：秦始皇二十八年（前219），“使尉屠睢发卒五十万为五军，一军塞镡城之岭，一军守九疑之塞，一军处番禺之都，一军守南野之界，一军结余干之水。三年不解甲弛弩，使监禄无以转饷，又以卒凿渠而通粮道，以与越人战。杀西呕（瓯）君译吁宋，而越人皆入丛薄中，与禽兽处，莫肯为秦虏。相置桀骏以为将而夜攻秦人，大破之，杀尉屠睢，伏尸流血数十万。乃发谪戍以备之。”尽管“五十万”是个见诸典籍的数字，但《淮南子》基本上属哲学著作，其中所列数字及史料的精确程度，是需要推敲的。如文中所云“发卒五十万”，后与西瓯交战，“伏尸流血数十万”，损失惨重。这样，秦始皇势必增派更庞大的援军，才能取胜，并设置桂林、南海、象郡诸郡县。如此，秦动用的总兵力远不止五十万。又如文中说到秦五十万军队分为五军时，用了“塞”“处”“守”“结”四个动词，词义均属“布防”“集结”一类，并没有进攻的意思，不能据此得出五路人马进军岭南的结论。

除上述疑问外，再考察当时历史条件，也可发现“五十万”这个数字的漏洞。其一，秦王政二十五年，秦将王翦已率“空秦国甲士”而凑成的六十万兵马，“竟平荆地为郡县，因南征百越之君”(《史记·白起王翦列传》)。这支部队，经战争损耗，又要在刚占领的广大地区驻军安抚，三年后怎么可能再有五十万士卒可调用？其二，秦始皇时代，领兵超过二十万的将领，均为名将。秦王政二十二年，秦曾任命年轻气盛的李信，率兵二十万攻楚大败，怎么可能六年后又用一位无名之将尉屠睢统率重兵呢？其三,百越所在的岭南地区，山路崎岖，登涉艰难，一条灵渠是唯一的军用补给线，怎可能维持五十万大军的需要？况且岭南多原始森林，人烟稀少，总人口恐怕不足五十万，何需动用五十万大军？

既然“五十万”这个数字不可靠，那么在岭南的秦兵究竟有多少呢？据《史记》记载，当时入越的秦军有两支，一支由尉屠睢率领，一支由赵佗率领。赵佗率军沿途未经激战而到达岭南；而尉屠睢的军队被越人击败，损失惨重，尉屠睢亦败死。秦亡之后，赵佗兼并桂林、象郡，自立为南越武王。汉高祖时，赵佗有不臣之心，汉使陆贾以“使一偏将将十万众临越”相威胁，遂使赵佗改容相待。汉武帝时，南越相吕嘉叛乱，汉出动“楼船十万师往讨之”，仅一年多就解决问题。汉代的南越，实力比秦末的百越诸部强大得多，汉以十万人马即可平定其地。由此推测，秦始皇二十八年用兵百越的人数，也应在十万左右。《淮南子》所载的“发卒五十万"，应是指公元前 222 年至公元前 217 年间，秦军占领整个百越地区的兵力总数，尉屠睢率领入岭南的兵力，仅是其中的一部分。

迄于今日，秦攻百越究竟动用了多少兵力，仍无定论。

阿房宫有何寓意

阿房宫是秦代的著名建筑，规模宏大。整座宫殿直至秦朝灭亡时还没有竣工，就被项羽付之一炬，因此它始终没有被正式命名，人们一直称之为阿房宫。关于阿房宫的得名，千百年来世人已多有论述，但随着历史研究的不断深入，这个千古之谜仍然吸引着专家学者的目光，且新论迭出。

稍有中国史常识的人都知道，阿房宫必须念成“俄旁宫”，但是“阿房”是什么意思？其宫为什么名之曰“阿房”？人们恐怕未甚了了。

史籍中关于“阿房”的解释大致有如下四种：一、《史记正义》引颜师古说：“阿，近也，以其去咸阳近，且号‘阿旁’。”二、《史记索隐》认为：“此以其形名宫也。言其四阿旁广，故云‘下可建五色之旗’。”三、《三辅黄图·阿房宫》曰：“作宫阿基旁，故天下谓之‘阿房宫’。”四、《文选》李善注引《三辅故事》曰：“在山之阿，故号阿旁也。”四说之中，哪一说为是呢？细究之下，其实都似是而非。

在第一说中，颜师古将“阿”字训为“近”，这并不是“阿”的正诂，“阿”的“近”义是从其“曲”义引申过来的，因为曲才近。因此，说是“以其去咸阳近”而号“阿旁”，在训诂上已属牵强。再说，阿房宫在渭水之南，与咸阳有一水之隔，称它为“近旁”宫，于理也不通。

第二说言其因“四阿旁广”而得名，所谓“四阿”应是指宫殿的方圆四处，即“宫庙之四下”。形容宫殿之大，自以“广”字更确。因此，即使古人是将“四阿旁广”约言之，“阿广”也要比“阿旁”来得更为恰当。如果真是“以形名宫”，自然轮不上“阿旁”二字了。

第三说认为是“作宫阿基旁”而得名。然而，“阿基”是什么呢？《说文解字》云：“阿，大陵也，一曰曲阜也。”如此说来，“阿基”不是大陵之基，就是曲阜之基。但是，今阿房宫遗址所在的西安市未央区三桥街道阿房村一带，既无大陵，又无曲阜，可见其宫并没有作在“阿基”之旁。

第四说认为“在山之阿，故号阿旁”。所谓“山之阿”，即山隅或山坡。但是，今阿房宫遗址所在地距南山（秦岭）尚有一二十千米之遥，显然不能说是建在山阿旁。

既然四说都不能成立，那么“阿旁”究竟是什么寓意呢？黄怀信提出了很有新意的见解：

今关中方言有“阿达”“阿傍”两词，“阿（a）”字分别念阳平和上声，即第二、第三声，用作疑问代词，“阿达”“阿傍”就是哪儿、哪边的意思。又有“阿（乌）达”“阿（乌）傍”两个词汇，“阿”念成“乌”，用作指示代词，“阿（乌）达”“阿（乌）傍”就是那儿、那边的意思。“阿（乌）傍”是与“这傍”相对的一个词，站在一个方位称另一个方位，都说“阿（乌）傍”。

这个“阿傍”与“阿旁”有没有关系呢？有的。从字义考察，

"旁"字有旁边、附近之义，而"傍"字也训为"近"，即附近、旁边。因此"旁"与"傍"是一对古今字，"阿旁"就是"阿傍"。再从读音考察，"傍"从"旁"得音，二字理当同音。而"旁"本身又从"方"得音，古无轻唇音，因此"阿傍"可以写成"阿旁"，也可以写成"阿房"等。至于"阿"字或读"俄"，或读"乌"，那是由于方音相传之异。

解决了上述问题，我们再来看《史记·秦始皇本纪》的记载："始皇以为咸阳人多，先王之宫廷小……乃营作朝宫渭南上林苑中。先作前殿阿房，东西五百步，南北五十丈，上可以坐万人，下可以建五丈旗……为复道，自阿房渡渭，属之咸阳……阿房宫未成。成，欲更择令名名之。作宫阿房，故天下谓之阿房宫。"当时，对建在渭水南岸的新宫最为关心的，自然是处于渭水北边的咸阳城中的人，由于他们在渭水"这傍"，就很容易称渭水那边的新宫为"阿傍"。我们不妨试着站在他们的立场上来认识上述史料，将其中的"阿房"理解成关中方言"阿傍"，实在可以说是怡然理顺的：……于是在渭南上林苑营作朝宫，先在那里（阿

秦始皇（《三才图会》）

房）作前殿……筑复道，从那里（阿房）越过渭水，与咸阳相连……那里（阿房）宫殿若建成的话，将选择令名正式命名……由于宫殿没有筑成即遭焚毁，始终也没有正式名称，所以，源出于咸阳人口中的"阿傍宫"就被天下人稀里糊涂地沿用至今，成为它的定称。

总之，"阿房"原应读"阿（乌）傍"，是关中方言，意思是"那边"。所谓"阿房宫"，实际上是以其建在渭水的"阿傍"（那边）而得名的。

秦始皇为何造“十二金人”

秦始皇曾在咸阳铸造了十二个巨大的铜人，史书上称之为“十二金人”，这是秦汉时期最大的青铜器，代表了当时铸造业的最高成就，在历史上产生过一定的影响。但是，由于十二金人已不复存在，文献中的有关记载又很不一致，因此后世对十二金人的认识也有许多地方得不到统一。

秦始皇为什么要铸造十二金人？自古以来就有不同说法。贾谊在《过秦论》中认为是“以弱天下之民”，司马迁在《史记》中沿用了这一说法，于是史学界最为流行的观点就是“为了加强中央集权，以弱天下之民”。第二种观点是“为了纪念当时临洮出现的祥瑞”。据《汉书·五行志下》记载，秦始皇二十六年（前221），“有大人长五丈，足履六尺，皆夷狄服，凡十二人见于临洮。天戒若曰：勿大为夷狄之行，将受其祸。是岁，始皇初并六国，反喜以为瑞，销天下兵器，作金人十二以象之”。据此，日本人泷川资言在《史记会注考证》中提出，秦始皇铸造十二金人是为了仿效大禹铸九鼎的做法。王双怀则认为上述观点都不够全面，铸金人之举是当时多方面因素的综合。战国末期，旷日持久的兼并战争使各国的兵器总数达一千五百万件以上，秦统一六国后，这些兵器成了过剩物品，处理不当，就成为不安定因素，对统一局面产生消极影响，这是秦始皇需要考虑的问题。同时，临洮地方有关“大人”的报告是千载难逢的“瑞符”，如何利用、宣传、纪念也是一个问题。再加上秦始皇在统一之后产生了偃武修文的思想，于是就有了这“一举三得”的销毁天下兵器、铸造十二金人的决定和行动。

十二金人的形象如何？这也是一个谜。有人认为，十二金人就是翁仲，或反映的是翁仲的形象。相传秦阮翁仲身长一丈三尺，异于常人，始皇命他将兵守临洮，声震匈奴。秦人以为瑞，死后铸铜像立于咸阳宫司马门外，匈奴见之，犹以为生。后世沿用，就称石像、铜像为翁仲。但是，所有的重要文献都没有说到十二金人与翁仲有关系，也没有秦人根据翁仲形象铸造金人的说法，因此断言二者之间有联系的理由还不够充分。据王双怀分析，《汉书·五行志下》载十二金人“皆夷狄服”；又《水经注》《后汉书》等史籍记载，秦汉时期人们常常把十二金人称作“金狄”或“铜狄”，说明金人不是汉人，在服饰和相貌上应带有当时少数民族的某些特征。然而莫金山则认为，“狄”不是指夷狄，而是指司夜的胥徒，因金人像卫兵一样日夜守卫着宫殿，所以时人称其为“金狄”。

金人的姿态，有人根据《淮南子》《太平广记》等记载，断定是立姿；有人则根据《三辅黄图》“坐高三丈”的记载，认为是坐姿。但《汉书·王莽传》记王莽曾梦见“长乐宫铜人五枚起立”，可见金人应为坐姿无疑。古人席地而坐，金人身高五丈，坐高三丈，正合比例。此外，《史记》《资治通鉴》等史书皆谓将十二金人“置宫廷中”，这里史家用“置”而不用“立”，也正好说明了问题。

至于金人的重量，文献记载中也有分歧。《史记·秦始皇本纪》作“重各千石”，秦代一石合今一百二十斤，千石即相当于十二万斤；而《三辅旧事》作“各重二十四万斤”，两者差距较大。司马光《资治通鉴》采用了前说，而郦道元在《水经注》中则采用后说。究竟哪一说较符合史实呢？汪受宽认为，当代农村青年身高与胸围的比例是1:0.5148，以此来推算金人的胸围当是3.567米，胸径是1.136米，高6.93米，则体积是7立方米。青铜密度是8.8，那么7立方米的青铜圆柱体重量应为61.6吨。秦权每斤合258.25克，则此圆柱体近于二十四万斤，这一重量是十分惊人的。从另一角度讲，秦阿房、大夏诸殿都以规模宏大著称，金人的体积若过小，置于大殿前会有不相称之感，所以《三辅旧事》的记载当是可信的。

十二金人是干什么用的呢？对此，学术界的认识更是难以统一。《史记·秦始皇本纪》载：“收天下兵，聚之咸阳，销以为钟镰金人十二，重各千石。”这段记载的意思不太明晰，使后人或以为钟镰、金人是一种东西，或认为是不同的物品。汪受宽经考证认为十二金人是人形的钟镰，也就是说，秦始皇铸造十二金人，不仅是为了纪念临洮出现的符瑞，还让金人承担了钟镰的作用。所谓钟镰，是支撑乐钟的立柱，先秦、秦汉时期的钟镰有木质、铜质之分，形状也不一致，一般为带座立柱，也有造成动物或人物形状的。1978年在湖北随县出土的战国编钟，就是由六具钟镰铜人承托的，所以用铜人作钟镰并不是秦始皇的发明。那么，十二金人承托的是什么钟？汪受宽认为应是

秦始皇

编钟，“其上所悬乐钟数当为一百二十八枚”。但王双怀则认为，金人高度相同，不适宜承托编钟；若承托的是编钟，将其置于阿房、大夏宫前也无法解释，因此金人承托的应是特制的“千石之钟”，文献中多次提到秦始皇铸“千石（十二万斤）大钟”，金人若两人一组，分别承托各重千石的大钟，无论置于宫中还是大殿前，都是很有气派的。

最后，金人的结局如何？这同样是一个值得研究的问题。大量记载表明，十二金人最后都被破坏了，但被毁的情况，各书记载不一，甚至矛盾。清朝学者赵翼在《陔余丛考》中的考证，为我们了解金人的结局提供了大致的线索。金人铸成之初，可能被安放在咸阳西南的“钟宫”中，阿房宫前殿修成后，金人被移至此。秦末战乱，阿房宫毁于战火，十二金人被掩埋在废墟中。刘邦建国，定都长安，将金人运到长乐宫的大夏殿安置。王莽改制，梦见金人起立，以为是不祥之兆，又不敢彻底毁坏先朝遗物，就派工匠凿去金人胸前铭文，这是对金人的第一次破坏。东汉末军阀混战，董卓进京，为解决粮草问题，下令销毁金人铸成小钱，引起物价暴涨，市场混乱。当第十个金人被毁后，董卓也被部将杀死了，剩下的两个金人被移到清门外，任凭风吹雨淋。三国时期，魏明帝想将此二尊金人运往洛阳，但金人实在太重，只好弃之于西安灞桥东部的霸城，于是民间就有了金人哭泣着不肯离开长安的说法。由于金人在此地安置的时间较长，这一地方还被称作“铜人原”。直到十六国时期，后赵皇帝石季龙下令将金人运到邺都。最后，前秦皇帝苻坚又派人将金人运回长安销毁。至此，十二金人全部消失。宋人李石在《续博物志》中说，有一尊金人在运输途中被百姓推入陕北河中，这又是怎么回事呢？原来，当时魏明帝运送金人未成，在洛阳就地铸造了两个铜人，号曰“翁仲”，列坐于司马门外，后被百姓推入黄河中。后人也有将此铜人看作是秦十二金人之一的，但从上述记载可知，在“陕北河中”的翁仲与十二金人是没有关系的。

十二金人是秦代手工业史上的壮举，不仅有特殊的政治意义，也反映我国古代的科技水平。可惜原物已被人为地破坏，后世的一切考证，都只能依据零星的记载进行分析。金人的本来面目，是否真如上文揭示的那样？看来仍有待推究。

秦始皇是病逝还是被弑

秦始皇之死，《史记·秦始皇本纪》有明确记载，说他第五次出巡时，行至平原津（今山东平原西南）得病，勉强抵达沙丘平台（今河北广宗西北），遂死。人们一般认为，秦始皇是由于纵欲过度，体弱多病，加上出巡期间旅途劳累，以致一病不起。秦始皇丧事的处理，也不同寻常。《史记》云，丞相李斯恐天下有变，秘不发丧，置棺木于辒凉车中，让亲信宦官守护。每到一处，按例进膳。百官奏事，也由宦者在车内应答。时值酷暑，又用车载上一石鲍鱼，来混淆尸体的臭味。直到进入咸阳，才正式发丧。这种种做法，无疑使秦始皇之死蒙上一层神秘的色彩。

有人以《史记》的《李斯列传》《蒙恬列传》等记载为据，认为秦始皇死得蹊跷，是古史上的谜案。其理由是，秦始皇并不像历史上有些封建帝王那样体弱多病。查诸史籍，未发现他患有暗病宿疾的记载，他的身体一向健壮。突出的例子是，秦王政二十年（前227）荆轲行刺时，他在惊慌中还能挣脱衣袖，绕着柱子逃跑，始终没让荆轲追上。秦始皇第五次出巡时，才五十岁，并不算衰老。在平原津得病，又走了一百四十多里到沙丘；在沙丘平台养病时，还能口授诏书给公子扶苏，说明他当时思维清晰如故，似非患有致命急病。总之，以秦始皇的体质与当时的情况看，还不至于在沙丘一病不起。值得注意的是，沙丘宫四面荒凉，宫室空旷深邃，相传原是殷纣王豢养禽兽之处。战国时，赵武灵王因庇护叛乱的长子章，被公子成和李兑包围于此，欲出不能，又不得食，最后活活饿死在沙丘宫中，可见其地与外界隔绝的程度。在这种环境之中，发生不测的可能性是很大的。

另一种说法是，根据种种迹象推测，宦官赵高弑君的可能性很大。首先，赵高与蒙恬、蒙毅兄弟有宿怨。据说，赵高曾犯大罪，蒙毅以法治之，判其死刑，后因秦始皇过问，方得赦免。当时，蒙恬威震匈奴，蒙毅位至上卿，一为武将任外事，一为文臣主内谋，不仅深得始皇信任，还为公子扶苏所倚重，一旦扶苏即位，蒙氏兄弟的地位必将更加巩固。因此，赵高对蒙氏兄弟既恨又怕，如要摆脱来自蒙氏兄弟的威胁，必须设法阻止扶苏即位。这样，赵高唯有投靠秦始皇最宠爱的第十八子胡亥，因为胡亥是除扶苏外最有可能继承皇位的人。以胡亥来对抗扶苏，这是赵高蓄谋已久的，为了自身的利益，他时刻都在寻机除掉扶苏、蒙氏兄弟。其次，始皇在沙丘养病，给赵高提供了一个谋杀的机会。始皇病重，下诏给扶苏说："与丧会咸阳而葬。"显然是想要扶苏继位。赵高明白，此事有关自己的生死荣辱，须当机立断。当时始皇身边仅丞相李斯在侧，而李斯私心重，容易控制，其他侍从均是赵高安插的同党。还有，以赵高当时的处境看，也只能出此一招，别无选择。秦始皇口授诏书给扶苏时，赵高参与其事。诏书封好后，赵高却扣压未发，欲找机会说服胡亥和李斯，矫诏杀扶苏。但诏书不能扣压太久，万一始皇病情有起色，得知诏书未发，赵高就获死

● 张良（《无双谱》）

罪；万一始皇弥留不死，李斯又未被说服，反而向始皇告发，赵高也要被杀头。所以，只有在劝说李斯之前杀了始皇，才能万无一失。始皇一死，就不怕李斯不就范，也不会有人追问诏书的事了。可见，赵高从扣压诏书的一刻起，就如同箭在弦上，不得不发了。

秦始皇之死，疑云重重，正如《史记·李斯列传》载赵高对胡亥所说，“沙丘之谋，诸公子及大臣皆疑焉”。事实上，谋刺秦始皇之事不止发生过一次，如秦始皇二十九年，韩人张良派刺客在博浪沙（今河南原阳城东）伏击秦始皇，误中副车。所以从情理上分析，赵高弑君的可能性与必然性都存在。然而，事情毕竟发生在两千多年之前，秦始皇究竟是得暴病而死，还是遭他人谋杀，仍难确定。

秦始皇陵是否被盗

秦始皇陵是我国历史上第一位皇帝的陵墓，在今陕西省西安市临潼区骊山脚下，亦称“骊山园”。《史记·秦始皇本纪》说：“(秦)始皇初即位，穿治郦山，及并天下，天下徒送诣七十余万人，穿三泉，下铜而致椁，宫观百官奇器珍怪徙臧满之。令匠作机弩矢，有所穿近者辄射之。以水银为百川江河大海，机相灌输，上具天文，下具地理。以人鱼膏为烛，度不灭者久之。”秦始皇死后，秦二世又下令将秦始皇宫中无子的宫女全部埋入墓中，为了防止泄露墓内的秘密，把参与地宫工程的工匠，也都活埋在墓道内。可以说，秦始皇陵建造之奢华，在我国历史上是鲜有的。由于20世纪70年代时秦兵马俑坑的发现，人们对秦始皇陵产生了浓厚的兴趣，尤其是该墓的地宫是否被盗，成了热门话题。

《汉书·楚元王传》云：“项籍燔其宫室营宇，往者咸见发掘。其后牧儿亡羊，羊入其凿，牧者持火照求羊，失火烧其臧椁。”《水经注·渭水》亦云：“项羽入关发之，以三十万人，三十日运物不能穷。关东盗贼销椁取铜，牧人寻羊烧之，火延九十日不能灭。”从这些记载看，秦始皇陵不仅被盗过，而且地宫中的物品大概也荡然无存了。

但是，对上述记载，不少论者认为不可靠：一、如果秦始皇陵确实像《汉书》《水经注》所说，被项羽盗掘一空，继而又被火烧尽，为何距秦始皇遗体入葬只有百余年的《史记》对此只字未提，反而渲染它的完整性。而远晚于《史记》的《汉书》《水经注》，却详细记述了陵墓被盗的情况？二、《水经注》所言项羽“以三十万人，三十日运物不能穷”是不可信的。秦始皇陵地宫内埋藏的珍宝虽多，怎么可能用三十万人搬运三十天还搬不完？三、根据考古钻探，秦始皇陵的墓道全用夯土填实，没有留下空洞，这也是秦汉墓葬的共同做法。因此，牧儿的羊是不可能“入其凿”的。如果说羊是从盗墓者挖的盗洞中堕入墓室内，那么墓室深约 30 米，上面还有五十丈或数十丈厚的封土，盗墓者不可能挖这么深的盗洞；即使挖有这样的盗洞，牧童也进不去；

秦始皇陵

即使进去了，里面缺氧，所持的烛火会自然熄灭，不可能把墓室的臧椁烧着，更不会火延九十日不灭。

自1974年以来，考古工作者对秦始皇陵作了大量的调查、钻探，结果在陵墓封土堆只发现了两个盗洞，直径90厘米至1米，深不足9米，均未能接近地宫，整个封土的土层仍为秦时原状，地宫的宫墙也没有被破坏的痕迹。据科学测定，地宫中水银分布亦有规律。所有这些，或可成为秦始皇陵地宫未被盗毁的证据。

由上观之，秦始皇陵究竟有没有被盗过，仍须待发掘陵墓后才能最后断言。

秦始皇陵为何坐西向东

秦始皇陵在今陕西省西安市临潼区城东 5 千米处，南靠骊山，北临渭水，是我国古代规模最大、保存较好的一座帝王陵墓。据考古勘探以及对墓道兵马俑位置的判断，陵墓的朝向为坐西向东，这是一个奇特的布局。众所周知，我国古代以朝南的位置为尊，帝王即位常称“南面称孤”，这“南面”也就是面朝南的意思。历代帝王的陵墓基本上都是坐北朝南的格局，而统一天下的秦始皇，为什么愿意坐西向东呢？

一种意见认为，秦始皇生前派遣徐福东渡黄海，寻觅蓬莱、瀛洲诸仙境，又多次亲自出巡，东临碣石，南达会稽，在琅邪、芝罘一带流连忘返，对东海仙境十分向往。可惜徐福一去杳无音讯，回归无期，使秦始皇亲临仙境的愿望如同泡影，这不能不成为他晚年的一大遗憾。即使生前得不到长生之药，死后也要面朝东方，以求神仙引渡而达于天国。于是，秦始皇建造了这坐西向东的陵墓。

一种意见认为，秦国地处西部，秦王嬴政初建东向的陵墓，是表示征服东方六国的决心。及统一六国之后，仍然按照原来的设计布局建造，是为了使自己死后仍能注视着东方六国，以防其东山再起。

一种意见认为，秦始皇陵坐西向东，与秦汉之际的礼仪风俗有关。

根据有关文献记载，当时从皇帝、诸侯、上将军乃至普通士大夫家庭，主人之位皆坐西向东。秦始皇作为天下独尊，死后也要维持“尊位”，面向东方当然是无可非议的。

其实，让人不解的不仅是秦始皇陵墓的朝向，根据对陕西境内已发掘的九百十七座秦墓考察，发现绝大部分秦墓都是东西向。秦公陵园的三十二座大墓，也全部面向东方。秦人葬式的这一特点，越是早期越为明显。是什么原因让秦人采取这东向的葬式呢？主张秦人起源于东方的学者认为，由于东方是秦人祖先曾经劳动、生活过的地方，他们对东方怀有特殊的感情，然而东西悬隔，路途遥远，其间又有强敌林立，“叶落归根”的希望非常渺茫，因而采用朝向东方的葬式，以表达不忘根本的感情。相反，主张秦人起源于西方的学者认为，秦人采用“头朝西方”的葬俗，是想寓意他们来自我国西部。但此说受到质疑，如果头西足东的葬式寓意着秦人来自西方的话，那么华夏诸族流行的北首而葬之俗，是否说明他们来自北方呢？现代文化学与民俗学研究提出了新的见解，认为秦人流行的西首而葬之俗和他们曾流行过的“屈肢葬”一样，与甘肃地区的古代文化或某种原始宗教信仰有关。比如“白马藏人”对本民族盛行的西首葬的解释是：日落归西，人亦随太阳走。也许，秦人对他们的葬式，也有本民族特有的解释。

人鱼膏为何物

秦始皇陵是我国古代规模最大的皇陵。据《史记·秦始皇本纪》记载，秦始皇陵地宫内“以人鱼膏为烛，度不灭者久之”。近些年来，尽管考古工作者对秦始皇陵进行了全面勘探，但其地宫内部的情况，仍像一串谜，难以破解。所谓“人鱼膏”，即是其中之一。

“人鱼膏”，顾名思义，是用人鱼熬制成的油膏，放在地宫中供照明之用。但人鱼是指什么鱼呢?《史记集解》引徐广语云：“人鱼似鲇，四脚。”《史记正义》又引《广志》云：“鲵鱼，声如小儿啼，有四足，形如鳢。”《异物志》载：“人鱼似人形，长尺余。不堪食。皮利于鲛鱼(即鲨鱼)，锯材木入。项上有小穿，气从中出。秦始皇冢中以人鱼膏为烛，即此鱼也。出东海中，今台州有之。”根据上述记载的描述，有人以为“人鱼”就是俗称的“娃娃鱼”，学名为“大鲵”。

不过，此说并不为其他学者所苟同。据《太平御览》引《三秦记》载：“始皇墓中燃鲸鱼膏为灯。”于是，有人认为，所谓的人鱼膏，或实为鲸鱼膏。由此推测，秦始皇陵地宫中照明所用的是以鲸鱼脑油制成的蜡烛。以鲸鱼脑油制成的蜡烛，其能量每小时可燃 7.78 克，每立方米的鲸鱼脑油可燃 5000 天，足够保证地宫中“不灭者久之”的需要。若再联系《异物志》所云人鱼“不堪食。皮利于鲛鱼，锯材木入。

项上有小穿，气从中出”的特征，人鱼似乎就是鲸鱼。

《辞海》(第六版)对“鲵”有四种解释，一种是两栖类动物，四足、长尾，能上树，亦称“娃娃鱼”；第二种即雌性的鲸。庾信《哀江南赋》云：“大则为鲸为鲵。”《广州记》载：“鲸鲵长百尺，雄曰鲸，雌曰鲵。”可见，《史记正义》引《广志》与《异物志》所解释的人鱼，很可能是两种不同的鲵。

“人鱼”究竟是娃娃鱼，还是鲸鱼？人鱼膏到底是由娃娃鱼提炼的，还是以鲸鱼脑油制成的？实难断定。

兵马俑是秦始皇陵的陪葬物吗

秦兵马俑坑，位于今陕西省西安市临潼区骊山脚下。自1974年被发现以来，引起国内外考古学者、历史学者以及广大旅游者的高度重视和浓厚兴趣。兵马俑坑建造规模宏大，埋藏的文物丰富、精湛，被誉为“世界八大奇迹”之一、“人类古代精神文明的瑰宝”。

秦兵马俑坑布局严整，结构奇特，布成军阵的陶人或着铠甲，或披战袍，手持矛、戈、戟等兵器，姿态神情各异，显示出各自不同的身份、兵种、性格，可谓栩栩如生。由于兵马俑坑近于秦始皇陵，因此自发掘以来，国内外学者一般都认为，这是秦始皇的陪葬坑。也就是说，这支装备齐全、威武雄壮的兵马俑队伍，是守护黄泉之下的秦始皇的。

但是，近几年这一观点不断受到质疑，主要理由是：一、据史籍记载，秦始皇时期大量使用的是步兵和骑兵，几乎没有车战的痕迹，而兵马俑坑展示的是步卒围绕战车，即以战车兵为主力的部队，这是一种过时的军阵。二、秦军早已更新装备，秦始皇于公元前221年下令收缴全国铜制兵器，运入咸阳，铸成十二个大铜人，任何人私藏铜戈铜剑，即是死罪。而二号坑中出土有铜剑剑头，难道秦二世会容许用这种犯禁的兵器为父亲陪葬？三、根据阴阳五行说，秦取代周，是以水德代周之火德，而水德尚黑，故规定“衣服旄旌节旗皆上黑”的制度。但是俑坑中的武士俑，战袍或红或绿或蓝或紫，丝毫没有尚黑的意味。这一系列疑问与矛盾如不能解决，就不能轻易断言秦俑是秦始皇的“阴间卫队”。

兵马俑坑既然不是秦始皇的陪葬坑，那么又是谁的呢？有人指出，在兵马俑坑附近另有一座级别较低的墓葬，这是秦始皇的祖上秦昭王的生母、曾专权四十一年之久的秦宣太后的墓。宣太后的故里是楚国，而俑坑的许多形式与当时楚国习俗相符，武士俑身上的铭文，似乎也可证明这一点。这是一个大胆而全新的见解，如果此说成立，那么秦兵马俑坑的实际营建年代，要向前推半个世纪左右。

● 立俑

此外，还有学者认为，俑坑应是秦始皇时代建造，但其性质不是陪葬坑。理由是：一、秦国时仍有活人殉葬的旧习，无需修建大型俑坑陪葬。二、在出土的几千件兵器中，罕见铁兵器，这与当时已很发达的冶铁水平不相称，因而这不是一支战斗部队。三、秦俑坑出土文物虽然丰富，但毕竟尚未发现任何文字资料，可以证明兵马俑坑是秦始皇陵园的一部分。因而，秦俑坑不是陪葬坑，而可能是被称作“封”的纪念碑性质的建筑物。

迄今为止，认为秦始皇是秦俑主人的意见仍占上风，因为在俑坑中出土有秦始皇时代的“相邦吕不韦戈”和“寺工长铍”，而且俑坑西侧的墓葬是否是宣太后墓，也仍有争议。不过，对传统观点毕竟已有疑问提出，学术界要取得共识，必然还要经过一个争论的过程。

秦兵马俑到底突出了何种主题

秦兵马俑自考古发现以来，便以它那磅礴的气势、阔大的场面、精湛的艺术，引起世人的瞩目。这些兵马俑，到底突出了何种主题呢?

有人认为，秦俑给人们的印象是威武庄重，自信活泼，不畏强暴，严阵以待，表现了秦军战士积极向上、勇于作战的精神风貌，显示出秦政权的强大无比和武装力量的旺盛斗志。

有人则不同意上述看法，认为这既不符合秦俑制作的特定的社会现实，也不符合秦俑形象的艺术语言所倾诉的思想和精神。

在现场观察到的是：将军俑表情冷峻，阴骘刻削。军吏俑髭须直立，双唇紧锁，神色严峻，情绪低沉，眉宇间流露出一种无可名状的忧虑。普通士卒，或两颊尖削，目光呆滞，一副欲哭无泪之相；或双眉立竖，两眼圆睁，似乎对秦统治者的残酷压迫，表现出无言的抗争；或头部低垂，双眸半闭，完全是一副在秦军严刑峻法的威慑下被迫从命、战战兢兢的神态；或神思怔忡，凝视空茫，表现出在历经沙场、九死一生之后，对前途悲观绝望的心情。还有那一把胡须、微微驼背的老者，饱经风霜的脸上布满了深深的皱纹，使人仿佛能透过战袍看到他那瘦骨嶙峋的身躯，听到他诉说自己风烛残年还不得不为统治者远戍征战的悲惨遭遇。那没有胡须、面目清秀的后生，充满稚气的脸上笼罩着一层恐惧的阴影，一望而知是个入籍不久的新兵。那些微微含笑的陶俑，给人一种矫饰和勉强的感觉，似乎有着难言之衷，又不能不强颜欢笑。因此，这产生于秦王朝末年高压政策之下和动乱年代的秦俑艺术，作为秦王朝覆灭的历史见证，以其众多愁苦、呆滞的形象，集中地显示了秦朝末年外强中干的虚幻的繁盛和强大，反映了秦军森严的等级制度和残酷的阶级压迫，体现了在水深火热中劳动人民的怨恚、悲戚、失望和挣扎，基本上是一幅“昏惨惨，黄泉路近”的景象。这才是秦俑表现的主题思想。

也有人认为，用“愁苦”“呆滞”“怨恚”“悲戚”“失望和挣扎”“无限忧伤”等字眼来描述秦俑的形象，不够准确，是值得斟酌的。事实上，秦俑的个头绝大多数在170厘米以上，他们的体态绝大多数看上去健壮端庄，无病态之感。其颜面，在严肃中显得活泼，在威猛中显得聪明，在顺从中显得充满自信。总的看来，秦兵马俑雕塑群的主题是以写实的手法，用高人、大马组成的大型军阵，再现当年秦军统一六国的磅礴气势；采用“静中寓动”的临事状态，表现臣下对秦

● 跪俑

始皇的尽忠竭诚；以笼罩军阵的肃穆气氛，表现臣下对秦始皇功业的追思和诵念。制作者尽可能地体现了设计者的意图，通过秦俑雕塑群像，突出秦始皇至高无上的地位，颂扬墓主人秦始皇的丰功伟业和他所代表的那一特定时代。

出土的秦兵马俑所蕴藏的思想主题是一个正在研究中的问题，必然还将有新的看法产生。

秦兵马俑坑是未完成的工程吗

著名的秦始皇陵兵马俑坑共有三个坑，其中一号坑平面呈长方形，面积一万四千二百六十平方米，内有战车、步兵组成的大型军阵；二号坑在一号坑的东北边，平面呈曲尺形，面积约6000平方米，内有战车、骑兵和步兵混合编组的军阵；三号坑在一号坑的西北边，平面呈凹字形，面积520平方米，内有髹漆彩绘、上建华盖的战车一乘，以及陶马、武士俑等。另外，在二号坑和三号坑之间，还有一个废弃的坑，平面呈长方形，面积约4000平方米。兵马俑坑这样布局的意义是什么呢？近年来虽有不少人进行探讨，但至今仍是个谜。

有人认为，从整个兵马俑坑来讲，就是一个完整的军阵布局。一号坑相当于军阵中的右军，二号坑为左军，被废弃的坑相当于中军。由于当时农民起义军打到骊山脚下，威胁秦都咸阳，秦二世便派骊山徒去抵抗起义军，兵马俑坑的工程被迫停止，所以这个坑成了废坑。三号坑是统帅兵马俑三军的指挥部。古书上说，“有三军方可一战”。所谓“三军”，就是一个完整的军阵编列体系。秦兵马俑坑的四个坑，恰好符合这种编列体系。

有人认为，秦始皇兵马俑坑是一项未完成的工程，全部建成应有五个兵马俑坑。秦俑坑是按八阵的第一阵——方阵设计建造的。方阵是一种进攻型的军阵，按前、后、左、右、中五个方位配置兵力。中央一队称“中军”，主将所在；接敌的是外围四队。作战时，外围四队既可互为屏藩，又可根据战斗需要，随时变换主攻方向。兵马俑一、二、三号坑建成后，即爆发了陈胜、吴广农民大起义，陵墓修建工程被迫停止，被废弃的坑仅挖了土塘，还未来得及放置兵、车、马等物，另外第五个坑还没有动工挖掘，所以现在看不到任何痕迹。

兵马俑坑

此外，有人认为，被废弃的坑应该是计划要修建的后勤部队。也有人认为，被废弃的坑只是修筑一、二、三号坑时取土所用，而不是工程计划之内的。

由于史书上有关秦兵马俑坑的修建，没有留下任何记载，而且《汉书·楚元王传》中又说：“骊山之作未成，而周章百万之师至其下矣。”秦兵马俑坑很可能是一项未完成的工程。秦兵马俑坑布局的真正意义，必将随着考古发掘的进展而日益明朗起来。

谁焚毁了秦兵马俑坑

秦兵马俑坑总面积达2万多平方米，坑内兵马俑以步兵、骑兵、车兵等多兵种混合编队，再现了当年规模宏大的军阵。但考古发掘现场所看到的，却是一片残破景象。大多数兵马俑或东倒西歪，或身首分离，或头破腹裂，或臂断腿折。原来架设在一号坑和二号坑上的棚木、芦席、顶梁木柱、封门木以及坑内的战车等，也成了灰烬、焦炭，周围尽是经大火焚烧而成赤红色的红烧土。显而易见，兵马俑坑曾遭受过大火的焚毁。那么，是谁焚毁了秦兵马俑坑的呢?

《汉书·楚元王传》引刘向的疏文云:“秦始皇帝葬于骊山之阿……天下苦其役而反之，骊山之作未成，而周章百万之师至其下矣。项籍燔其宫室营宇，往者咸见发掘。其后牧儿亡羊，羊入其凿，牧者持火照求羊，失火烧其臧椁。”《水经注·渭水》也有类似记载。不少学者据此认为，兵马俑坑的残破景象，是项羽和牧童所造成的。然而，细阅《汉书·楚元王传》，其所载刘向的疏文，是以援古讽今的方式，谏阻汉成帝营建奢华的陵墓。文中并无明确记载项羽、牧童烧毁兵马俑坑的材料，甚至连秦始皇陵墓前有无兵马俑坑，也只字未提。由此可见，把焚毁兵马俑之事归于项羽、牧童，只能是一种推论，并无实据。

于是，有人认为，秦兵马俑坑遭焚毁不是人为的，而是由于地下沼气自燃引起火灾所致。不过，此说也有难以解决的疑问。因为根据考古工作者发掘，三号坑没有发现火烧痕迹，纯属自然腐朽和塌方而遭破坏。如果说一号、二号俑坑因地下沼气自燃而被焚毁，那么同时建造的三号坑为什么不会自燃？

此外，还有人以古代丧葬制度和民俗学的资料为据，认为兵马俑坑是秦朝人在陵墓建成后，自己放火焚毁的。因为在古代丧葬礼仪和一些少数民族丧葬礼仪中，确实存在烧毁祭葬物品及墓前某些建筑物的风俗。但这种说法，也存在难以解释之处：既然秦兵马俑坑是出于丧葬风俗而遭致焚毁，那么为什么只烧一号、二号俑坑，而不烧三号俑坑？假设兵马俑坑确为秦人自己所焚毁，从建成到焚毁之间的相隔时间不会很长，但从考古发掘看，俑坑底部漫地砖上普遍都有十几层二三十厘米厚的淤泥层，这决非短时间内能够形成的。再说，秦始皇陵建成之际，也是秦王朝行将覆亡之时。如果说相隔多年而焚毁兵马俑坑，此时秦王朝已不复存在，再为秦始皇举行这种丧葬礼仪显然已无必要了。

秦兵马俑坑究竟是被谁焚毁的呢？还有待于进一步探索。

泰山无字碑究竟何人所立

泰山玉皇顶玉皇庙门前有一座高6米、宽1.2米、厚0.9米的石碑。碑顶上有石覆盖，石色黄白，形制古朴浑厚。奇怪的是，碑上没有一个字，因而被人称为“泰山无字碑”。正因为它没有留下文字，所以此碑究竟是何时、何人所立，便成为一个疑问。

有关此碑，人们曾作多种推测。明、清两代，有不少人认为它是秦始皇所立，立碑之意在于焚书。他们在赋诗吟咏时表述了上述看法。如明代王在晋称：“东海长流石未枯，山灵爱宝隐元符；纵教烈焰焚经史，致使秦碑字也无。”清代乾隆皇帝更断言：“本意欲焚书，立碑故无字；虽云以身先，大是不经事。”不过，核以史实，这种看法颇难成立。据《史记·秦始皇本纪》记载，始皇二十八年（前219），秦始皇第二次出巡，与原鲁国的儒生讨论封禅望祭山川的事情，于是“上泰山，立石，封，祠祀……刻所立石，其辞曰：皇帝临位，作制明法，臣下修饬。二十有六年，初并天下，罔不宾服。亲巡远方黎民，登兹泰山，周览东极”。可见，秦始皇在泰山上所立之碑是刻有文字的，并不是无字碑。再说，焚书之举是秦始皇在三十四年接受丞相李斯的建议后施行，因而不可能在六年之前就有了焚书的计划，并为此立无字碑。

于是，又有人提出另一种推测，认为此碑原本是有字碑，后经过长期的风雨侵蚀，原有的文字被风化剥落殆尽，以致成了无字碑。但这一看法也有问题。从现存的无字碑看，风化的情况并不严重。而且它在宋代已被称为无字碑，秦代所立的有字泰山碑，在宋代尚能辨认出一百四十六字，如果无字碑也是秦代所立，那么到宋代不可能剥蚀得一字不存。

由于上述两种说法都难以成立，又有人推测，此碑很可能是汉武帝所立。据《史记·封禅书》记载，元封元年（前110），汉武帝前往泰山封禅，“东上泰山，泰山之草木叶未生，乃令人上石立之泰山巅”。可见，汉武帝确实曾在泰山顶上立过石碑，而且史书上没有说他曾“刻石”，因此说“无字碑”为汉武帝所立，不是没有理由的。清代顾炎武即在《山东考古志补录·辨无字碑为汉碑》中，否定无字碑为秦碑的说法，力主无字碑系汉武帝所立。他论证说，《史记》记载秦始皇刻石，无不先言立石，后言刻石，“立”和“刻”都作了明确记载。如果秦始皇在泰山别立一座不刻文辞的无字碑，《史记》不可能不加记载。同样，如果汉武帝在泰山立石后，又刻上文辞，《史记》《汉书》也不可能不记载。顾炎武的看法是颇有说服力的，但人们对此说还是存有一些疑问：好大喜功的汉武帝，怎么会只立一座无字碑，而不利用这一机会在碑上刻以文辞为自己歌功颂德呢？这毕竟与汉武帝的性格不太符合。显然，在找到确凿的证据以前，无字碑之谜还无法真正解开。

蒙恬是否造笔

毛笔是我国一种独特的传统书写绘画工具，它与墨、纸、砚一起被称为“文房四宝”。千百年来，流传秦将蒙恬发明毛笔之说。

相传蒙恬驻军边疆，经常要向秦始皇奏报军情，而当时文字书写，是用刀契刻的。由于边情瞬息多变，文书往来频繁，用刀契刻字速度太慢，不能适应战时需要。蒙恬急中生智，随手从士兵手中的武器上撕下一撮红缨，绑在竹竿上，蘸着颜色，在白色的丝绫上书写，由此大大地加快了写字速度。此后，又因地制宜不断地改良，根据北方狼、羊较多之便，利用狼毛和羊毛做笔头，制成了早期的狼毫和羊毫笔。据后唐马缟《中华古今注》载：蒙恬始作秦笔，以枯木为管，鹿毛为柱，羊毛为被，谓之“苍毫”。因此，旧时制笔行业中，蒙恬被供奉为行业祖师爷。

但是据现代考古发现，人们对蒙恬发明毛笔之说提出了不同的看法，认为在蒙恬之前人们已经使用毛笔。在距今六七千年的西安半坡遗址中出土的彩陶器上，有许多颜色协调的图案，如人面纹、鱼纹、波折纹等，其笔触古朴典雅，线条流畅，清晰可见，显然是用毛笔描绘出来的。在商代出土的甲骨和陶器上，有一些未经契刻的朱、墨字迹，笔画具有方、圆、肥、瘦的变化，明显也是毛笔所写。甲骨文中

“聿”字的字形，像一手握笔的样子，“聿”即笔字。此外，1954 年 6 月在湖南长沙古家公山发掘了一座完整的战国时期的木椁墓，陪葬品中有一支毛笔，是用上好的兔箭毛制成的，用细小的丝线缠住笔头和笔杆，外面涂漆加以固定，全身套在一支小竹管中，杆长 18.5 厘米，直径 0.4 厘米，毛长 2.5 厘米，这可以说是我国存世最古的毛笔，它诞生的年代，要比传说中蒙恬发明毛笔的时间早得多。由此可以证明，早在蒙恬之前，毛笔就已经存在。

也有人认为，蒙恬虽然没有创制毛笔，但对笔杆、笔毛所用材料和制法作了改进。如采用鹿毛和羊毛两种不同硬度的毛制笔尖，使之刚柔相济，便于书写。1972 年甘肃武威磨咀子一座东汉中期墓中出土的一支毛笔，笔杆呈浅褐色，上面刻有隶书“白马作”三字，笔头的芯及锋用黑紫色的硬毛，外层覆以较软的黄褐色的毛。其形制与秦笔一样，杆前端中空以纳笔头，杆外扎丝髹漆以加固。此笔可以看作是经过蒙恬改进的毛笔的典型实例。

“恬笔伦纸”毕竟是流传千百年的说法。蒙恬造笔的故事也曾经是妇孺皆知的。为什么人们要把毛笔的发明与蒙恬联系在一起？蒙恬在笔的发展过程中究竟起过什么作用？依然值得人们探究。

秦朝是否统一了文字

汉字是中国的主要文字，也是世界上最古老、至今仍通行而富有生命力的文字。从原始社会晚期的仰韶文化算起，汉字已有六七千年的历史，其字体经历了陶文、甲骨文、籀文（大篆）、小篆、隶书、楷书等演变阶段。其中小篆的产生，宣告了汉字古文字阶段的结束，也标志汉字统一的开始。然而，小篆究竟形成于何时？由何人创制？却成为长期争论不休的难题。

千百年来，流传最广、为大多数人所接受的观点是：小篆始于秦统一之后，系李斯等人所创制。因为秦始皇攻灭韩、赵、魏、楚、燕、齐等东方六国，统一中国之后，为了巩固新兴的政权，除在政治、经济、军事上采取一系列措施外，还在思想、文化等方面实行一系列改革，统一文字就是其中之一。当时“文字异形”，这对于政策法令的推行和文化的传播，极为不便。于是，秦始皇令丞相李斯负责，以秦国原有文字为基础进行统一文字工作，同时废除东方六国使用的古文。这种经过整理改进的秦国文字，就是小篆。秦统一文字，是其统治需要和改革的必然结果。此外，《说文解字》《仓颉篇》《初学记》和《水经注》等古书，都记载了秦统一文字、李斯创制小篆的史实，《初学记》断言“小篆，始皇时李斯、赵高、胡毋敬所作也”。为秦始皇歌

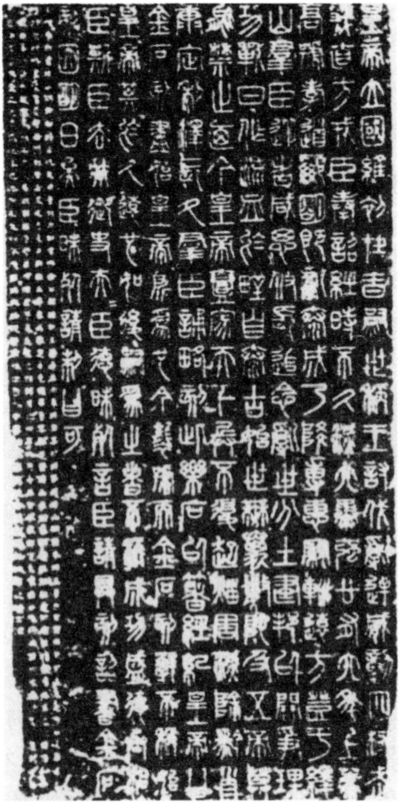

功颂德的《泰山刻石》《琅邪台刻石》《芝罘刻石》《碣石门刻石》和《峄山刻石》等所书文字，都是标准的小篆字体，相传是李斯手笔，这是有力的明证。

峄山刻石

不少学者经过深入研究后提出异议，认为小篆既不是秦统一的文字，也不是李斯创制的。因为历代出土的战国时期秦国文物，如商鞅方升、秦杜虎符、《诅楚文》以及有关兵器等，上面铭文的结构、笔形，都与后世所谓的小篆基本相同。由此证明，小篆早在战国时期已是秦国正式通行的文字，并不是秦统一六国以后的文字。同时，"秦统一文字说"在历史文献上也没有坚强可靠的依据。从《史记》《汉书》等距秦较近的史学和语言学著作看，也没有叙及小篆是秦统一六国时李斯所创造的。从理论上说，汉字是我国人民在长期劳动生活实践中逐渐孕育、选炼和发展而成，决不可能由一人或少数人在短期内创制和统一起来，否则不符合汉字发展的规律。

上述两说，孰是孰非，尚有待于研究。

徐福之谜

徐福，也名徐市，秦始皇时齐地琅邪人。据《史记》记载：秦始皇东巡琅邪，“遣徐市发童男女数千人，入海求仙人”，“徐福得平原广泽，止王不来。于是百姓悲痛相思”。《史记》的这一说法，为中日两国许多史书引用转述，在中国古代外交史上，徐福堪称知名人物。

但是，围绕着徐福，有许多悬而不决的疑谜。首先，有无徐福其人，就有人提出怀疑，认为有关徐福的事迹，只是司马迁根据传闻所记，目的是借秦始皇信神仙、迷方士的行为，来讽喻汉武帝相似的爱好。有关这一点，在20世纪初，中日学者查证大量史料，进行深入研究后，基本上肯定了历史上确有徐福其人，司马迁的记载是可靠的。

其次，关于徐福的故里。1982年6月，江苏赣榆县进行了一次地名普查，在县城北金山乡南1千米的地方发现一个叫“徐阜”的自然村。据当地人说，“徐阜”原名“徐福”，明清时仍称“徐福村”。另据出土文物可知，赣榆县在战国时属齐地，秦时属琅邪郡。由此看来，位于今江苏赣榆县城北金山乡南1千米的徐阜村，应是徐福故里。也有人根据历史地理沿革情况认为，江苏赣榆不可能是徐福故里，徐福故里应是汉代的徐乡县，故城在今山东龙口市徐福镇。

其三，在徐福为何东渡的问题上，论者说法各异。为秦始皇寻找长生不老之药，东渡求神仙自是一说。但不少学者分析当时的社会状况，认为秦灭六国时，大批燕、齐遗民渡海避难，徐福的童男童女就是其中一支。还有人说，徐福是利用秦始皇求仙之私心，而借其力以自殖民于海外，是“预定之计划”。

其四，徐福东渡是否到了日本，这是诸谜中争论最为激烈的一个。最早提出徐福到日本定居的，是五代后周的义楚和尚，其著《义楚六帖·城廓·日本》载：“日本国亦名倭国。东海中。秦时，徐福将五百童男、五百童女止此国，今人物一如长安。”据义楚自述，这一说法得之于他的日本朋友弘顺和尚。近代的中日学者最初也都首肯此说，并指出至今日本新宫市还保留着徐福和他的侍员七人墓、徐福祠等遗迹，每年八月新宫市还要举行大祭仪式。甚至有人提出，徐福到日本后建立了日本王朝，徐福就是神武天皇。但是，也有很多学者对徐福到过日本一说，提出疑问。他们认为，徐福的船队无法战胜海洋上的狂风恶浪，只能停留在中国千里海岸的各个港口或沿海大小岛屿上，并逐步向中国内陆移

[清]任渭长《徐福》

居。日本学者更有否定之说，他们认为，徐福东渡日本多属牵强附会，日本神武天皇是神话时代的人物，根本无法与徐福挂钩。新宫市的徐福遗迹，是后世好事者的伪造。传说中徐福到达的三神山，只是渤海湾的小岛，并非日本境内。他们还进一步考证说，徐福东渡日本的传说，产生于10世纪左右的日本，随着中日交流的频繁，常有日本和尚来到中国，他们带来了有关徐福的传说。中国的义楚和尚不辨真伪，记入《义楚六帖》中。到了宋代，中国人已对此深信不疑，于是以讹传讹，直至今日。

即使是同意徐福曾到日本的学者，对于徐福的登陆地点，也各执一辞。有的认为，徐福是在今新宫市东北数里的波多须浦登陆的，此处至今又名"秦住""秦须浦"，并留有秦氏后裔。波多须浦面临太平洋，自古以来就是船舶出入的港口，稍向内陆深入，便是广大的近畿平原，有关徐福的遗迹如徐福祠、徐福冢等，都在这里。但据《日本书纪》和《续日本纪》记载：东汉灵帝曾孙阿知使主曾"率十七县人夫归化"。这些汉人，被集中安置在高市郡桧前村居住，这一地区成为汉人主要活动天地。因此，另有人认为，根据当时的自然条件与航海技术，徐福一行的路线应与他们相似，登陆点不会是波多须浦。

徐福

篆刻 郑英旻

徐福东渡，虽是两千多年前的旧事，却是中日关系史上的一个重要课题。可惜迄今为止，仍有众多有关徐福的疑谜无法作出肯定或否定的结论，这可是司马迁著史时所始料未及的。

秦子婴究竟是谁

秦子婴是秦汉之际一个悲剧性的人物。秦始皇三十七年（前 210 年），秦始皇在出巡途中去世，宦官赵高与李斯伪造遗诏，逼使太子扶苏自杀，立胡亥为二世皇帝。赵高从此大权在握，控制朝政。后来，赵高杀李斯，任中丞相，更是一手遮天。当刘邦的军队向咸阳逼近，“使人私于高”。而二世又“使使责让高以盗贼事”，赵高颇为不安，就与其弟赵成、女婿阎乐密谋：“上不听谏，今事急，欲归祸于吾宗。吾欲易置上，更立公子婴。子婴仁俭，百姓皆载其言。”于是，他们择机

秦代虎符

起事，逼迫二世自杀，立子婴为秦王，时在秦二世三年（前 207 年）。子婴知道赵高非良善之辈，只是因为谋杀了二世皇帝，“恐群臣诛之，乃详（佯）以义立我”，就与两个儿子设计，刺杀了赵高，并且“三族高家以徇咸阳”。子婴为王仅四十六天，刘邦就破秦军至霸上，使人约降子婴。子婴即“系颈以组，白马素车，奉天子玺符，降轵道旁”。但是，当项羽的军队进入咸阳后，就将子婴和秦的其他公子宗族全都杀了。

秦子婴就是这样一个受政治摆弄的悲剧性人物，他虽贵为王子，却无法决定自己的命运。更可能让他抱屈于地下的是，他虽然也算是“青史留名”，但后人却长期弄不清楚他究竟是谁。

司马迁《史记·秦始皇本纪》说是“二世之兄子公子婴”，而同书的《李斯列传》却又说是“始皇弟”。太史公离秦时间不远，对秦子婴的身份已经不能确指，后世传史者更无从考证，多从《秦始皇本纪》所说而传述，认为子婴乃秦二世之兄子。郭沫若、林剑鸣等在各自的著作中也都认同此说。

近年来，不少学者对此提出异议，认为秦子婴不可能是二世之兄子，即秦始皇的孙子。理由如下：

其一，《史记》载子婴曾与二子商议刺杀赵高，可见当时其二子均已成年。秦始皇死时正好五十岁，子婴谋杀赵高发生在其后三年。设想国君十五岁就能生子，始皇的长子此时应是三十八岁，长孙不过二十三岁，而长孙之子只能是八岁，八岁的幼童能与之商量如此重大的事情吗？若不是长孙之子，则年龄更小了。因此，五十岁的秦始皇是不可能拥有成年的曾孙的。

其二，据《史记·蒙恬列传》记载，当二世听信赵高之言要杀蒙恬兄弟时，秦子婴曾向他进言劝谏。当时，秦始皇诸子都在被猜忌之列，无人敢说话，岂有其父不言而其子越位在朝堂上说话的？后来，赵高又引导二世杀害了诸兄，秦子婴若是二世兄之子，其父当然也应包括在内。按中国的传统观念，杀父之仇不共戴天，赵高怎么会立与己有杀父之仇的子婴为秦王呢？

其三，按春秋战国礼制，诸侯之子称公子，那么秦始皇的孙辈中，能称公子的只有胡亥的儿子。子婴若是二世兄子，便只能称作公孙婴。

然而，秦子婴是谁，他与秦始皇究竟是什么关系？学者们认为，过去不被重视的“子婴乃始皇弟”之说应是正确的。

秦始皇之父秦庄襄王在赵国为人质，后在吕不韦的帮助下，于周赧王五十八年（前 257）逃回秦国，死于公元前 247 年，距二世死时四十年。照此推算，秦子婴若是庄襄王的儿子，其年龄应在四十到五十岁之间。这个年龄的人，有二十几岁的成年儿子是符合常情的，其子也足以与之图谋大事了。

子婴既非秦始皇之子，更非秦二世之子，按先秦礼制，他被称作公子，就只能是秦庄襄王的儿子。

赵高与秦二世共同谋杀秦始皇诸子和大臣时，秦子婴能够直言进谏，居然又为赵高、二世所容忍，这只能说明子婴是二世的长辈，德高望重。从另一角度看，当时的传位规则是父死子继，作为秦始皇的弟弟，子婴没有资格参加皇位争夺，对二世不构成威胁，所以他才敢于进谏而又不会冒太大的危险。以后，赵高杀二世立子婴，刘邦入关中不杀子婴却欲以为相，也都说明子婴的身份和声望。

赵高杀害了秦始皇的诸多子孙包括秦二世，再立秦始皇系统的人只能给自己带来祸患。他要摆脱始皇系统，而又必须符合“义”，就只有立秦庄襄王之后，子婴应是最合适的人选。

秦庄襄王一生多子，估计子婴乃是其幼子。庄襄王死时，他还是个婴儿乳子，故以子婴名之。后人顾名思义，以为子婴一定是青年或少年，自然而然地倾向于“子婴乃二世兄子”之说了。

秦子婴究竟是何许人？读秦史者不可不审！

● 子婴
篆刻　郑英旻

孟姜女哭长城确有其事吗

孟姜女哭长城的故事，是我国古代著名的民间传说，它以戏剧、歌谣、诗文、说唱等形式，广泛流传，可谓家喻户晓。相传秦始皇时，劳役繁重，青年男女范喜良、孟姜女新婚三天，新郎就被迫出发修筑长城，不久因饥寒劳累而死，尸骨被埋在长城墙下。孟姜女身背寒衣，历尽艰辛，万里寻夫来到长城边，得到的却是丈夫的噩耗。她痛哭城下，三日三夜不止，城为之崩裂，露出范喜良尸骸，孟姜女于绝望之中投海而死。从此，山海关被后人认为是“孟姜女哭长城”之地，并在那里盖了孟姜女庙，南来北往的人们常在这儿洒下一掬同情之泪。

然而，如此动人的传说，是否确有其事呢？

一说认为，孟姜女哭长城的故事纯属虚构。因为山海关长城修建于秦朝以后，秦始皇时代修筑的长城，距山海关北去数百里。既然当时当地并无长城，哭长城之事自然是子虚乌有。

一说认为，孟姜女的故事发生在春秋时期。据《左传·襄公二十三年》记载：齐庄公四年（前550），齐伐卫、晋，回师攻莒时齐大夫杞梁战死。杞梁妻迎丧于郊，相传她哭夫十日，城墙为之崩塌。后世以讹传讹，把杞梁妻说成是秦始皇时代的人，演绎出哭长城的故事。

有人指出，孟姜女哭长城的故事，是随着历代时势和风俗不断变化而变异的。战国时，齐都盛行哭调，杞梁（后演化为喜良）战死而妻迎柩，便是悲剧的素材。西汉时，盛行阴阳五行、天人感应之说，杞梁妻的悲苦便造成了城崩山裂的感应。至六朝、隋唐间，乐府中有送衣之曲，于是又增添了送寒衣的内容。可见，孟姜女哭长城的故事，是在长期的文化演变中逐渐丰满起来的。

修筑长城是历代封建王朝各种劳役中最为残酷、最具代表性的一项劳役，从春秋至明，在近两千年漫长的岁月中，长城屡修屡补，强征了无数的民夫，任何时候都可能产生像孟姜女那样的遭遇。因此，

［明］仇英《齐杞梁妻》（木刻）

孟姜女和范喜良，是劳动人民在承受无限度的劳役中塑造出来的两个典型人物，集中表现了千百万下层百姓被劳役逼得家破人亡、妻离子散的灾难。动人的哭长城故事，是对封建统治阶级暴虐行为的控诉，也是对被奴役者不畏强暴、坚贞不屈精神的歌颂，正如南宋名臣文天祥在孟姜女塑像旁书写的楹联："秦皇安在哉，万里长城筑怨；姜女未亡也，千秋片石铭贞。"这当是中允之论。

石鼓上的诗究竟刻于何时

所谓石鼓，并不是通常意义上的打击乐器，而是极具书法、史料价值的古代石刻文献，是我国现存最早的刻石文字。石鼓刻于秦朝，共十个，花岗岩石质，呈鼓形，四周圆而见方，中间微侈，上狭下大。每个石鼓直径约 1 米，鼓腹上刻四言诗一首。石鼓上的诗是什么时候刻的？所表述的是什么时候的事情？自唐代起，学界就对这些问题争论不休。

对于缘何会产生众多歧义，一般学者认为，基于四点原因：其一，石鼓上的诗文既无署名，又没有官职、年号等可资参照的资料；其二，虽然中国文物浩如烟海，但所存相同之物却仅此而已，缺乏旁证，当然也就无从详考；其三，以往人们对石鼓的考证都是从其某一特定方面加以推敲，而不是全面分析，这必然导致“盲人摸象，以偏概全”的结果。

唐宋时期的学者大多认为，石鼓上的诗是周代《诗经·周颂》的逸篇。如李吉甫《元和郡县志》记载：“石鼓文在县（天兴县）南二十里许，石形如鼓，其数有十，盖纪周宣王畋猎之事，其文即史籀之迹也。”但是，武亿则认为是在汉代，其《金石跋》依据石鼓文中提到天子驾六马，而汉天子有六马，由此断定石鼓文作于汉代。而清人俞正燮《答成君瓘书》则指出，石鼓文作于北魏。同时，金人马定国坚持“北周说”，《金史·马定国传》载：“石鼓自唐以来无定论，定国以字画考之，云是字文周时所造。作辩万余言，出入传记，引据甚明。”以上诸家所认定的年代，上起公元前 11 世纪，下至公元 6 世纪，关于石鼓上所作之诗的时间，跨度竟长达一千七百余年！

现代学者基本认同石鼓文作于秦朝，但对于作文的具体时间分歧较大。

郭沫若在《石鼓文研究》一文中断言，石鼓文是秦襄公八年（前 770）立西畤原时所作。郭先生通过考证了石鼓文中相关字的地理位置，并结合石鼓出土的地点，得出上述结论。

但是，唐兰并不赞同郭沫若的观点，他认为石鼓文上的诗作于秦献公时。他在《石鼓年代考》一文中提出了八点理由：一、从石刻的发展来说，石鼓应该在战国中叶，和《诅楚文》秦始皇刻石相近。二、从文学史的发展来说，石鼓文的创新风格应该在战国时期。三、从新语汇的应用来说，“吾”字的出现，“朕”字的消失，晚于《秦公簋》，与《诅楚文》相近。四、从字型的发展说，石鼓文在《秦公簋》和《史籀篇》之后，属于籀文到小篆的过渡时期。五、从书法的发展说，石鼓文的写法晚于《秦公簋》而早于秦始皇刻石，也只能是战国时代。六、从石鼓的发现地点来说，三畤原只是吴阳武畤和上下畤，与远在西县的西畤和鄜畤无关，所以襄公、文公等说都是不可靠的。七、从十篇的次序和内容分析说，游猎的盛况也不会是秦襄公文公时代。八、从地望说，也只能是献公之事。可以说唐兰考证的全面、深度和广度是前所未有的，无论结果正确与否，其考证方法都是值得借鉴和学习的。

李学勤在《东周与秦代文明》中，首先赞同了唐兰提出的原则和理论观点，同时还指出，石鼓上的诗与《诗经》的风格相类似。于是推测其文大约作于春秋中晚期。

关于石鼓的具体年代还在学界讨论着，究竟孰是孰非，或者还会不会有“新说”问世，尚难定论。

“张楚”有何含义

“张楚”一词，是在秦末陈胜、吴广领导农民大起义时出现的。最早见于《史记》，如《秦始皇本纪》云：“七月，戍卒陈胜等反故荆地，为‘张楚’。”《高祖本纪》云：“秦二世元年秋，陈胜等起蕲，至陈而王，号为‘张楚’。”《陈涉世家》云：“陈涉乃立为王，号为‘张楚’。”另外，考古工作者在湖南长沙马王堆三号汉墓中发现的帛书上，亦有“张楚”一词。这里所说“张楚”的确切含义，史家解释颇不一致，至今尚无定论。

有人认为，陈胜、吴广起义时，建立了我国历史上第一个农民政权，国号为“大楚”。当农民起义军占据陈县之后，正式建国号为“张楚”，这是陈胜农民政权的第二个国号。

有人不同意上说，认为《史记》等记载“号为张楚”，其中的“张”字用作动词，是“张大”的意思。“张楚”是一个动宾词组。所谓“号为张楚”，就是号召要张大楚国的意思，而不是陈胜真正做了“张楚王”，建立了“张楚国”。至于陈胜为什么要“号为张楚”，是因为农民军要打着楚国的旗号，以张大楚国来号召人民起来反抗秦王朝的统治。这是一种宣传，一种争取人心的策略。

有人认为，“张楚”的“张”字是动词，是“建立”的意思，而不是“张大”之意。因为这时楚国早已被秦所灭，灭亡了又怎能谈得上“张大”呢？因此，“号为张楚”，应解释为“宣称为了建立楚国”。

有人则以马王堆出土的帛书资料为依据，认为帛书《五星占》中的土星行度表等，皆是一种表格，列有秦及汉初纪年，其间有“张楚”而无秦二世年号，这说明汉初是把“张楚”作为名词使用的，与“秦”“汉”“秦始皇”“孝惠”等并列，既是国号，也可纪元。当时，陈涉并未统一全国，而且时间又短，史书记载不一是很自然的，但帛书资料为楚地文献，其用“张楚”二字，较之其他史书当更为可靠。因此，称陈胜所建立的政权为“张楚政权”“张楚国”“张楚王”是可以的。

也有人认为，据史书记载，“张楚”就是“大楚”。这是偏正词组，而不是动宾词组。从古代词义看，“张”可训“大”，义可通用。陈胜的国号是“大楚”，也就是“张楚”。这个偏正词组的全称，可能在比较正式的场合才偶一用之，而通常只称“楚”，就像“大汉”“大唐”等，通常只称“汉”“唐”一样。

此外，还有人认为，“张楚”是陈胜自立的“王号”。

总之，“张楚”有何含义，仍有待后世学者揭开迷雾。

陈胜故里究竟在哪里

陈胜（涉）是秦末农民起义领袖，他发起的大泽乡起义，开中国封建社会农民起义的先河，《史记·陈涉世家》记载了他一生活动的情况。可是，对陈胜的故里，《史记》中只记述了一句话："陈胜者，阳城人也。"于是，后人对"阳城"究竟在何处，众说纷纭。

一说陈胜故里阳城在今安徽宿州市。《宿州志》明确记载该地是陈胜的出生地，这是有力的明证。从地理上看，这个阳城与大泽乡（今安徽宿州东南）相距不过二十里，符合以后陈胜起义的地理位置。而陈胜军队的骨干成员都是今安徽淮北一带的人，也符合其出生地地理位置。陈胜起义失利后，便打算退回起义发动地（今宿州市），主要想得到故里人民的支持和拥护。

一说陈胜故里阳城在今河南登封市。持此意见者认为，《宿州志》谈阳城沿革，材料极不严谨，并穿凿附会，不能作为依据。陈胜失利退回安徽宿州，也不能作为该地是陈胜故里的理由，而应从战略的需要上去考察。根据《史记索隐》记载：阳城"属颍川"。《史记正义》："即河南阳城县也。"这是有力的史证。史实证明，汉代有两个阳城，一属颍川，一属汝南，而汝南阳城是在陈胜出生后一百余年的汉宣帝时代所封，故陈胜故里只能是颍川阳城，即今河南登封市。

一说陈胜故里阳城，在今河南商水县扶苏村。据《太平寰宇记》载："陈胜起兵，自称公子扶苏，从人望也，盖涉筑此城。"即陈胜假借被秦始皇放逐的公子扶苏名义举兵，在家乡阳城陈庄修一城池（今名扶苏城）。《舆地纪胜》也载："在县西二十里，秦二世时，陈胜诈称扶苏，此城盖涉所筑。"《商水县志》《大清一统志》明确写道：秦时商水名阳城，扶苏城在商水县西廿里。今城毗邻庄多陈姓，也是明证。此外，当地出土文物中有一印戳为"夫胥司工"，据考辨意为"扶苏司空"。说明陈胜当时不仅诈称公子扶苏筑城举兵，而且刻制官名印章。

一说陈胜故里阳城即南阳郡的阳城县，在今河南方城县。据考证，陈胜是楚人，而南阳郡阳城是楚地，且地理条件与陈胜的活动范围更为符合当时实情。此外，据《史记·曹相国世家》《汉书·曹参传》《吕氏春秋·上德》《大清一统志》等史籍考证，陈胜生地只能在河南方城县。

一说陈胜故里应是汝阴阳城，即今安徽阜阳市。因为汝阴属楚地，与史籍记载"楚盗陈胜等皆丞相傍县之子"相符。同时，汝阴与陈胜起兵的大泽乡相距不远，作为陈胜的生地，也符合史籍记载。

● 陈胜

篆刻　郑英旻

“闾左”是“亡命”之意吗

“闾左”是秦末农民大起义的首义者，也是这次运动的中坚分子。陈胜、吴广率领着九百“闾左”在大泽乡揭竿而起，使天下云集而响应，最终颠覆了秦朝，因此，“闾左”也是秦王朝的掘墓人。但是，由于司马迁在《史记》中对“闾左”的身份没有作具体说明，后人对“闾左”就有了许多臆解。

唐代司马贞在《史记索隐》中兼取两说，一曰“闾左”乃居于闾里左侧的被免除徭役的人，即“复除者”；一曰系居于闾左的贫弱的百姓。解放以后的学者，较多的采用司马贞的后一说，因为此说较符合人们为陈胜等起义者所设定的阶级属性。至20世纪70年代，田人隆联系在湖北云梦睡虎地出土的秦律竹简，重新探索“闾左”的身份，认为“闾左”应是六国之民被迁徙后强制分配给军功贵族的封建依附农民。而王子今则提出另一种解释，认为“闾左”应为“里佐”，是秦代地方基层组织“里”的佐事吏目，由于音近而讹称。另有卢南乔将“闾左”解释为“流徙他乡的亡命之人”，这是一个创见，只是尚无直接证据，因此当时没有引起人们的重视。

20世纪90年代后期，辛德勇肯定了卢南乔的解释，认为前人之说都回避了一个最基本的前提，即陈胜、吴广等“闾左”之民被征发戍边，并不是正常的服兵役，而是因犯有过错而接受惩治。《史记·陈涉世家》载“发闾左適戍渔阳”，其中的“適”应读为“谪”，是责罚的意思，“適戍”就是罚民戍边。然而，既然是因责罚而被征发，就要罪出有名，可是贫弱并不是什么罪过；被强制分配给军功地主的依附农民也没有理由接受国家的惩罚；做“里佐”为国家服务而遭致惩治更违背常理。看来，弄清楚陈胜、吴广为什么遭责罚是解决“闾左”问题的关键。

秦代共有七种谪戍对象，即犯过罪的官吏、赘婿、商人、曾列入市籍的人、父母曾列入市籍的人、祖父母曾列入市籍的人、闾左。实际上，这七种人可归纳为四类，即有罪官吏、赘婿、商人及其子孙、闾左。西汉沿袭秦制，仍有所谓的“七科谪”，如《史记·大宛列传》就记载汉武帝时“发天下七科适”，征伐大宛。但三国时人张晏注释此“七科谪”时，其他六科都与秦相同，唯有“闾左”一项换成了“亡命”。这不能不使人将“闾左”与“亡命”联系起来。

“亡命”又称“逋亡”，是指脱离于原籍寄居他乡，以此来逃避赋役或谋求生路的人。那么“闾左”是否就是“亡命”呢？这只能从秦末农民大起义中身份可考的闾左身上去探索，并可获得如下线索：

其一，《史记》记载陈胜为阳城人，吴广为阳夏人，分别在今河南登封市和太康县境。他们被遣戍的地点是渔阳郡，治所在今北京东北部的密云、怀柔一带。假如他们是从家乡被征发从军，那就应该是直趋东北方向，可是他们起义的地点蕲县大泽乡却在阳城、阳夏东南几百里外的今安徽宿州市。陈胜等怎么可能先向东南行走数百里，再折返北行呢？这只能说明，陈胜、吴广被“谪戍”时并不在家乡，他们只能是从家乡流徙到蕲县一带的流民，即“亡命”或“逋亡”。

其二，陈胜早年“与人佣耕”，曾与同伴相约：“苟富贵，毋相忘。”起义后他建号陈王，旧时伙伴如约而至，见其宫室器物繁多，以楚语惊呼：“夥颐！涉之为王。”陈胜的家乡属于韩地，不应讲楚语，而且当地人口稠密，只会有当地人出外做工，不应有外地人来此佣耕。因此，这位用楚语惊呼的伙伴应是陈胜出外谋生时结识的人。蕲县附近人口稀疏，需要较多的劳动力，而这一带正是楚国旧地，当地人讲楚语是很正常的事。

其三，起义军夺取蕲县县城后，分兵两路，主力由陈胜、吴广统率西行，另派葛婴率偏师东征。葛婴能在起义之初膺此重任，想必是首义的骨干分子，因而极有可能也是九百“闾左”之一。葛婴是蕲县北面的符离县（今安徽宿州东北）人，由蕲县到渔阳要经过符离，而从符离到渔阳则决不可能背道而驰，南下蕲县再北上。所以，只有一个解释，即葛婴也是同陈胜、吴广一样的“亡命”。

寄居他乡的流民，当时又被称作“宾萌”，史书说他们“上无通名，下无田宅”，“度身而衣，量腹而食”，因而他们中的大多数人只能依赖出卖劳动力为生。陈胜从阳城流徙到蕲县，为人佣耕。吴广、葛婴虽不一定是为人耕作，但也是从事其他的雇佣劳动。秦人居处以右为尊，像陈胜这样寄居他乡、出卖劳动力的“宾萌”社会地位自然极其低下，集中居住于闾里之左，被人称作“闾左”是完全合乎情理的。

前文说过，“谪戍”是被责罚的行为，那么，流徙他乡、为人佣工的算不算有罪？回答是肯定的。《商君书·垦令篇》曰："使民无得擅徙，则诛愚乱农之民无所于食而必农。"禁止民众擅自迁徙，是商鞅制定秦法的一项重要指导思想，因为这样可以加速土地垦殖，有助于社会安定。睡虎地出土的秦简也反映出秦朝对居民的移徙有着严格的限制。流民往往依赖佣工为生，秦朝因此还严格限制使用佣工，这表明了秦朝对流民的鄙视和控制。

擅自流徙的人是否要被"谪戍"呢？《史记·秦始皇本纪》载始皇三十三年，"发诸尝逋亡人、赘婿、贾人，略取陆梁地"，这足以证明秦时擅自移徙的流民确要与赘婿、商人等一道被谪发从军的。

所谓"闾左"，应被解释为流徙他乡的"宾萌"即"亡命"。这一观点，是否可以解决"闾左"之争？

吴广死因之谜

秦二世元年（前209），一场席卷全国的农民大起义爆发，最终埋葬了秦王朝。最初点燃造反烽火的是陈胜与吴广，他们率九百戍卒揭竿而起，很快汇成一支巨大的洪流，建立了张楚政权。不久，陈胜以吴广为假王，率重兵进攻荥阳（今河南郑州市惠济区古荥镇）。然而，正当起义斗争深入发展时，吴广被其部将田臧所杀，这一事件给起义军造成了极大的损失。

吴广为什么会被杀？据《史记·陈涉世家》记载，吴广领兵攻荥阳时，另一位起义将领周文率十万义军直捣咸阳，因孤军深入，形势极为不利。数月后，终因寡不敌众，惨败于渑池（今属河南）。这时，秦王朝组织数十万军队，反击义军。田臧等人见周文战败，秦军不久即至，荥阳迟迟未克，就准备分部分兵力牵制荥阳之敌，以大部分精兵迎击秦军。他们相与商议说："今假王（吴广）骄，不知兵权，不可与计，非诛之，事恐败。"于是假借陈胜之命杀了吴广，献其首级于陈胜，"陈王使使赐田臧楚令尹印，使为上将"。时在秦二世二年十一月。从这段史料可知，吴广骄蹇自大，刚愎自用，以至于部下无法与他商议军事行动计划，不得不杀之。有的通史著作据以称"吴广骄傲无能，被部将田臧杀死"。然而这一结论，并非无懈可击，理由是：一、《史记·陈涉世家》称"假王骄，不可与计"，此话出于欲取代吴广的田臧等人之口，其可靠性值得怀疑。二、《史记·陈涉世家》载："吴广素爱人，士卒多为用者。"司马迁在此用了褒词，可见吴广的为人并不是如田臧所说的这般"骄蹇"。三、《史记·陈涉世家》中仅载陈胜为王后骄傲、武断的行为，对吴广的"骄蹇"只字未提，怎能凭田臧的一面之辞妄下定论？

在上述疑问的基础上，人们展开了深入的探讨。一说认为，田臧和吴广在军事行动上存有分歧，无法统一。面对强大的秦军，田臧不得已杀吴广，以求预定的军事行动能顺利实施。其后，田臧取得陈胜任命，分兵留守荥阳，亲率主力迎击秦将章邯所率秦军于敖仓，结果兵败而死。

一说认为，吴广之死与陈胜有关。陈胜为王后，任用亲信，妄杀故人，苛察臣属，使诸将士离心；与吴广的关系也不如初起事时那么融洽、默契。可以推测，田臧杀吴广得到了陈胜的默许。否则又何须"献其首于陈王"？而砍掉陈胜左右臂的田臧，又怎能当令尹、为上将？

还有一说认为，对吴广的死因，应放到当时的历史环境中考察。秦末农民战争时期，群雄蜂起。田臧是个怀有个人野心的人，不甘久处吴广之下，又苦于无法超越他，因此说吴广"骄，不知兵权"，或许只是除去吴广以取而代之的借口。

吴广

篆刻　郑英旻

吴广被杀的原因，没有更多的史料来确定某一说。但一位农民战争的领袖，没有死在杀敌的战场上，而倒在部属的刺刀下，个中原因，终究还是值得探究的。

苍头军的成员是奴隶吗

秦二世二年（前 208），陈胜被害，其部将吕臣组织“苍头军”，在新阳（今安徽界首北）重举义旗，继续进行反秦斗争，不久攻克陈，处死杀害陈胜的叛徒庄贾，“张楚”的旗帜重新在陈的城头飘扬。“苍头军”在反秦斗争中有较大影响，但其成员的社会地位问题，却让后世学术界歧议难消。

一说苍头军是奴隶军。据《汉书》的《霍光传》《鲍宣传》载，奴婢的一种称谓为“苍头”。三国时孟康注《汉书·鲍宣传》云：“汉名奴为苍头。”可见苍头军的成员组成是“奴”。但此说有疑问。查《史记》，书中并无汉代名奴为苍头的记录（《史记》记事下限为汉武帝时期），可见这种称呼出现较晚，与秦末的苍头军应无必然联系。即使“苍头”与“苍头军”有联系，也不能断定苍头军就是奴隶军，因为“苍头”是奴婢，奴婢与奴隶有区别，两者怎能等同？

一说苍头军与其他农民军一样，是一支头戴青帽或以青巾裹头的军队。《史记·苏秦列传》中有“今窃闻大王之卒，武士二十万，苍头二十万，奋击二十万，厮徒十万，车六百乘，骑五千匹”之语。这段记载说明，武士、奋击、厮徒都是战国时代魏国军队的不同称号，而苍头与之并列，可见并非奴隶的称谓。《史记·项羽本纪》有“异军苍头特起”之句，裴骃集解引应劭的话说：“苍头特起，言与众异也。苍头，谓士卒皂巾，若赤眉、青领，以相别也。”《史记索隐》引晋灼的话说：“殊异其军为苍头，谓著青帽。”《战国策》的注文中，也有类似解释。这些注释都证明，“苍头军”是头部有特殊标记以示区别的军队，与奴隶无关。

综上所述，后一说的意见似乎更为可信，不过在学术界尚无一致结论。

霸上今地为何处

“霸上”一作“灞上”，又名“霸头”，春秋时期秦穆公称霸于西戎，为显示霸功，改名霸上。其名彰史牍则首因秦末刘邦破武关，进据霸上，迫使秦王子婴出降，从而宣告了秦王朝的覆亡。霸上是关东各地出入长安所必经的交通要冲，具有重要的战略地位。由于地理变化和史载不一，对霸上的确切位置，至今说法纷纭。

刘邦的文臣武将（《绘图西汉通俗演义》）

一说霸上在今陕西省西安市东南二十里处、灞河和浐水之间的白鹿原。首先，从历史文献看，《水经注》《史记正义》《元和郡县图志》和《长安志》等，都明确记载霸上在白鹿原。其次，从地理形势和历史事件也可得以证明，白鹿原是秦岭北麓一直向北伸延的黄土塬，地势险要，塬面宽广，实为屯兵的理想之地，且是武关入长安城的必经之地，在战略上攻能进长安，退可出关中，故历来为兵家必争之地。秦末刘邦从武关首先进军霸上，使秦王子婴成了瓮中之鳖。刘邦灭秦后，又还军霸上，以待项羽，其屯军地点仍在白鹿原上。刘邦进军霸上的路线进一步证实其位置在白鹿原。据史载，刘邦攻破武关、峣关，即进兵白鹿原，与秦军战于蓝田南、蓝田北和芷阳，再移至霸上。秦蓝田在今蓝田县西三十里，芷阳又在蓝田县西六里，均在白鹿原。

一说霸上不在白鹿原，而在汉长安城东三十里地的霸城，即今西安市郊灞桥东北的谢王庄附近。《汉书》应劭注曰："霸上，地名，在长安东三十里。"应劭为东汉人，时代较早，且与《史记》记载相吻合，较为可信。北魏郦道元《水经注》，一方面将霸上说在魏晋霸城处，另一方面又说在灞水西岸的白鹿原，不但自相矛盾，也与《史记》记载相矛盾，并成了"霸上白鹿原说"的错误源。据考证，刘邦进军霸上的路线应是：武关—峣关—蓝田北—

汉初功臣（《绘图西汉通俗演义》）

芷阳—霸上，与白鹿原无涉。

一说霸上的位置，不是固定不变的。从历代发生在霸上及其附近的战争和事件考察，霸上大致在汉唐长安城东霸桥及其附近地段，不同的历史时期，其范围亦不相同。秦汉时的霸上，主要指霸桥及其附近；到隋唐时期，南移了十里左右，即今灞桥附近。

霸上虽然是个历史地名，但同历史时期交通道路的走向和许多重大历史事件有关，弄清它的具体位置和真正涵义，对于历史研究与古代地理研究，都有其参考价值。

楚汉战争决战何处

楚汉战争进行至公元前203年，楚强汉弱的形势已彻底改变了。汉王刘邦后方稳固，粮草兵马源源不断；而项羽却三面受敌，粮草不继，战略形势明显处于劣势。于是，项羽只能与汉王讲和，约定以鸿沟为界，相安共处。但是，刘邦在张良、陈平等人的劝说下，很快背弃和约，追击楚军，双方于公元前202年十月在固陵（今河南太康南）大战一场。由于汉军的援军失约，这次战斗以汉军失利告终。汉王迅速调整政策，与韩信、彭越约定，灭楚之后封二人为王，以此换取他们的支持。于是，大败之后的汉军又集结起优势兵力，向楚军进逼。经过垓下之战，楚军近十万精锐部队全军覆没，一度叱咤风云的西楚霸王项羽，也走向凄凄惨惨的英雄末路。因此，垓下之战是楚汉

虞姬（《晚笑堂画传》）

战争的最后一次大决战，是刘汉王朝奠定基业的关键性的一仗。

然而，至关重要的战争地点垓下，自古以来却一直没有较为一致的说法，这不能不说是秦汉史研究中的一个遗憾。

垓下的地点，原有二说。一说出于《汉书·地理志》，其沛郡洨侯国下注云“垓下，高祖破项羽”处。以后的地理书皆从此说。如《水经注·淮水篇》云：“洨水又东南流，径洨县故城北。县有垓下聚，汉高祖破项羽所在也。”唐《元和郡县图志·河南道五》也在宿州虹县下载：“垓下聚，在县西南五十四里，汉高祖围项羽于垓下，大破之，即此地也。”这些书中所说的“垓下聚”，在今安徽灵璧县城东南十五里。这一说是最传统的说法，绝大多数学者都从此说。

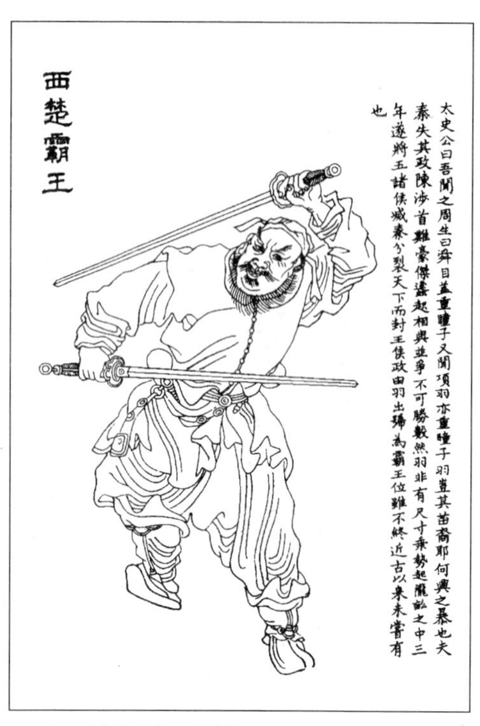

项羽（《晚笑堂画传》）

另一说出自唐人张守节，他在《史记正义》中说：“按‘垓下’是高冈绝岩，今犹高三四丈，其聚邑及堤在垓之侧，因取名焉。今在亳州真源县东十里，与老君庙相接。”唐代的真源县是秦汉的苦县，故城在今河南鹿邑县城。老君庙即今鹿邑城东的太清宫。此说由于晚出，因而从其说者较少。

然而，根据陈可畏最新的研究，上述二说均不能成立。据《史记》《汉书》记载，固陵之战后，汉王退保固陵县城，深堑拒守。其时楚军集结在附近进行阻击，以防止汉军继续东进或南下。而至垓下之战前，史书并没有项羽从固陵附近败走的记录，也没有汉王从固陵追击项羽至垓下的记载，那就是说，垓下应距固陵县城不远，否则两军无法交战。而垓下如在今安徽灵璧的话，相隔二百多千米，楚军根本无法阻止汉军东进。况且，灵璧一带自古是平川，县东南是古蕲水、古洨水、涣水、沱水、唐水的五河河网地带，既不能攻，又不能守，根本不适合大兵团作战。

垓下也不可能在今鹿邑县。理由是：一、鹿邑县城东距固陵也有七十千米左右，不可能近距离作战，楚军当然也不可能阻止汉军东进南下。二、据史书记载，汉军包围垓下前，灌婴的军队由彭城（今江苏徐州）西进，降留、薛、沛、酂、萧、相诸县，破苦县、谯县（今安徽亳州），又西至苦县之颐乡驻军，最后才破楚军于垓下。如果垓下在鹿邑的话，灌婴军就应来回穿越项羽大军的驻地，而史书上没有这样的记载，事实上也没有发生这种情况，因此，垓下不可能在鹿邑。

那么，垓下究竟在什么地方呢？陈可畏认为应是在陈县，即今河南淮阳县。其一，《史记》《汉书》中几个参加此次决战的将领的传记中，有明确的记载。如《史记·樊郦滕灌列传》记：樊哙“从高祖击项籍……围项籍于陈，大破之”；夏侯婴也“从击项籍，追至陈，卒定楚”；灌婴“从击项籍军于陈下，破之”。《史记·曹相国世家》亦云：“韩信为齐王，引兵诣陈，与汉王共破项羽。”《汉书》的记载也与此相同。这些史料都不可能是凭空杜撰。

其二，陈县北部正与固陵相接，垓下在陈县，正与楚军阻止汉军东进或东南进的军事形势相符。从军事防御的观点看，楚军无论是单纯的防守还是以攻为守，驻军于距固陵不远的陈县北部是最恰当的。不仅如此，陈县北部古代有很多丘陵和山冈，利于防守。所谓“垓”，阶次也。有山有冈的地方，自然会形成阶梯地形，垓下正是这阶梯地形之侧。

其三，史书记载项羽从垓下突围，是在夜间率骑南逃，平明始达淮河北岸。如果垓下是在安徽灵璧的话，灵璧离淮河很近，骑马南奔，不需要一个晚上的时间。

其四，陈县是一个军事战略要地，鸿沟位于境内，南接颍水、淮水，经邗沟直通江南，是中国最早的一条南北大运河，也是秦汉时期南北水运的大动脉。楚军驻扎于此，可以源源不断地得到江、淮地区的粮草供应。在今淮阳县城东南八里处有一个“贮粮台”遗址，这实际上就是楚汉垓下决战时楚军的军粮仓。当时，项羽不派文官而派武将利几为陈县县令，就是要利几保护至关重要的军粮仓。

至于垓下的地点为什么会弄错，陈可畏认为这是因为垓下仅是一个地区名，没有具体标志，也没有这样的山川城镇，后人不断进行各种猜测，遂形成上述两种传统的说法。实际上，陈县至清代还有“霸王冈”，这大概是垓下之战在当地留下的唯一纪念。

如今，《中国历史地图集》把垓下明明白白地标在安徽灵璧的东南部；大型工具书《辞海》释“垓下”条为“在今安徽固镇东北沱河南岸”。如果说陈可畏的论点能够成立，那么，要改写的恐怕就不是一两本书籍了。

项羽不肯过江东之谜

南宋女词人李清照有一首笔力千钧的《夏日绝句》：“生当作人杰，死亦为鬼雄；至今思项羽，不肯过江东。”她在诗中讴歌项羽宁可壮烈地死去而绝不忍辱偷生的英雄行为，用以鞭挞南宋统治集团偏安江左的逃跑行径，表达自己的爱国壮志。古往今来，不知有多少文人骚客像李清照一样在诗文中论说过项羽不肯过江东的行为，但对于项羽为什么不肯过江东的原因，却并不一致。

影响最大的是“羞见江东父老”说。此说源于《史记·项羽本纪》，司马迁记载说，项羽溃逃至乌江边时，“乌江亭长舣船待，谓项王曰：‘江东虽小，地方千里，众数十万人，亦足王也。愿大王急渡。今独臣有船，汉军至，无以渡。’项王笑曰：‘天之亡我，我何渡为！且籍与江东子弟八千人渡江而西，今无一人还，纵江东父兄怜而王我，我何面目见之？纵彼不言，籍独不愧于心乎？’……乃自刎而死”。司马迁笔下的项羽，虽穷途末路，仍不失英雄气概。多少年来，项羽就是以这样的壮士形象留在人们心目中。但张子侠觉得此说看似有理，实则不然。如果说项羽是由于葬送了八千江东子弟而羞见江东父老的话，那么在此之前他有多次羞愧自杀的机会。如在垓下被围，“虞姬死而子弟散”的时候；迷路时受农夫欺骗，身陷大泽极其狼狈的时候；

仅剩下二十八骑，“自度不能脱”的时候等等。但当时虽然窘迫万状，项羽却并没有动摇东山再起的决心。而从他逃跑的路线看，由陈下至垓下，又南逃至阴陵，至东城，最后至乌江边，也完全是退守江东的打算。怎么好不容易到了乌江边，又有人舣船待渡的时候，他突然产生了羞愧之心呢？这太不合情理，也不合逻辑。想必是司马迁在作史时为完善情节而笔补造化，后人却传为信史了。

宋人刘子翚在《屏山全集》卷四中提出了“疑亭长有诈”说。他说：“盖是时汉购羽千金邑万户，亭长之言甚甘，羽疑其欺己也。羽意谓丈夫途穷，宁战死不忍为亭长所执，故托以江东父老之言为解尔。”又说：项羽“所以去垓下者，犹冀得脱也。乃为田父所绐，陷于大泽，羽知人心不与己，安知亭长不出田夫之计哉？此羽所以战死也”。此说虽无历史依据，纯系刘子翚的推测，但在历史上仍有一定的影响。而张子侠指出，刘子翚显然是忽略了《史记》中“留骓报德”这一细节。项羽与他的坐骑乌骓马结下深厚感情，但在最后的时刻却谓亭长曰：“吾知公长者。吾骑此马五岁，所当无敌，尝一日行千里，不忍杀之，以赐公。”如果他怀疑亭长有诈，还会把心爱的坐骑相赠吗？再说，项羽长期生活在水乡泽国，没有史料说他不会驾船，如果怕“为亭长所执”，完全可以杀人夺船，东渡乌江。据此，“疑亭长有诈”说恐怕是不能成立的。

20 世纪 80 年代和 90 年代出现的新说是：“为早日消除人民的战争苦难。”吴汝煜认为，项羽认识到长期的内战给人民带来了极大的痛苦，产生了尽早结束这场战争的想法。因此当乌江亭长劝他东渡为王

项羽、范增和虞姬（《绘图西汉通俗演义》）

时，他毅然决然地自刎而死，用自己的生命消除人民的痛苦。吕仰湘对此作了更明确、更详细的论述，认为项羽一直希望早息战火，而一旦回到江东，南北不一，干戈难息，家乡还要备受战争骚扰，他争取早息战火的愿望就无法实现，于是，他坦然地选择了死。这种观点也引来不同意见，项羽在战争中的残暴行为是有史可证的。在灭秦过程中，他屠襄城、屠城阳、坑杀二十万降卒。楚汉战争爆发后，他也没有改掉滥杀的恶习，“所过多所残灭”。这样一个一心“欲以力征经营天下”的人，怎能为人民的利益而拒绝渡江呢？

此外，还有更独特的“敌生我死，成人之美”说。吕仰湘指出，项羽一直信奉“非他即我”的斗争哲学，当他胜利的时候，他要把敌人彻底消灭，而一旦失败，就对自己失去信心，甘愿把自己毁掉。乌江自刎，是一种既不委屈自己、又能成全别人的选择，这是项羽独特的个性和奇特的心理因素所致，也可以说是他个性发展的必然结果。

张子侠提出的观点是，项羽不是不想渡江而王，也不是因羞见江东父老而不肯渡江。他冒死从垓下突围南逃，就是想到江东寻找一线生机。但是，当他到达乌江边时，发现对岸形势已发生了很大变化。会稽郡的越人佐汉反楚；上柱国陈婴叛楚自立；原来一心支持他的楚地人民，在长期的战争苦难中对项羽由失望、冷漠乃至愤怒，田父欺骗他的行动，就反映了民心的向背。因此，楚地的群众基础已不复存在，正如王安石《乌江亭》诗中所说："百战疲劳壮士哀，中原一败势难回。江东子弟今虽在，肯与君王卷土来？"项羽退守江东重整旗鼓的希望应该说已经彻底破灭了。而这时他身边仅剩二十八名残兵败将，后面又有数千汉军穷追不舍。在这种情况下，项羽若要保全名节，免遭生擒的羞辱，唯有自杀一条路了。

林林总总，不一而论。项羽到底是不愿过江东，还是不能过江东？谜底究竟是什么呢？

项羽自刎于何处

项羽是秦末农民起义军领袖，灭秦之后自立为西楚霸王。后为刘邦击败，被围于垓下。四面楚歌声中，项羽与宠姬虞姬诀别，突围南走。据《史记·项羽本纪》记载，项羽自垓下突围后，行至阴陵迷路，为汉军追上，再退至东城，只有二十八骑相随。项羽遂以二十八骑大战汉军数千追兵，击败之。在乌江边，乌江亭长备下小船，劝项羽渡江为王。项羽觉得八千江东子弟无一生还，即使自己逃生，也无颜见江东父老，于是自刎于乌江岸边。项羽自刎于乌江岸边，这本来没有什么异议。问题是司马迁在《项羽本纪》的论赞中，又有“(汉高祖)五年卒亡其国，身死东城”之语。于是产生了疑问：是不是司马迁为了刻意完善英雄人物，将采撷

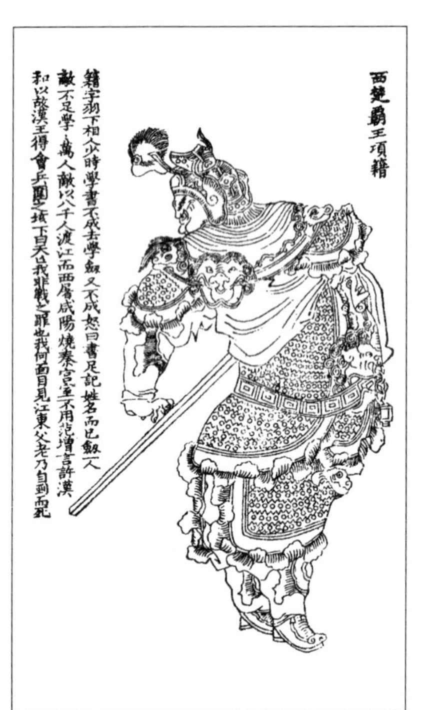

项羽(《无双谱》)

到的民间传说与东城真实的血战情节缝缀弥合了？因此有人提出，项羽真正的殉难地不在乌江，而在距乌江约三百里的东城（今安徽定远东南）。此说的佐证是，在定远县境内，保存着十多处与项羽有关的遗址、遗迹。如相传为霸王迷路处的“霸王寨”、刘邦迫及项羽处的“刘公桥”，还有“嗟虞墩”等，总之，可以寻找出项羽在此与汉军周旋的完整路线。

治史谨严的司马迁，会轻易将民间传闻采入史籍？这不免令人起疑。于是有人究诸史籍，提出了如下看法：“自刎乌江”与“身死东城”实为一说。秦汉时期，乌江以亭制隶属于东城县。据《舆地广记》载：“乌江本秦东城县之乌江亭，项羽欲渡乌江即此。”《太平寰宇记》称：“乌江县……本秦乌江亭，汉东城县地。项羽败于垓下，东走至乌江，亭舣船待羽处也。”又：“晋太康六年始于东城界至乌江县。”由于乌江亭曾属东城县，后来乌江县又置于东城县界，后世许多著名诗人，在他们的诗文中都以“东城”旧称代名乌江。可以断定，《史记》所说的“自刎乌江”，是对项羽死地的具体记述；“身死东城”，是对项羽死地的泛指，是“身死东城乌江”的简称。另外，“自刎乌江”不仅见载于史籍，且有史迹为证。今乌江的驻马河，原名驻马塘，因项羽驻马于此而得名。今西楚霸王灵祠，原为乌江亭长在项羽自刎之地埋葬项羽血衣和残骸后所立之亭，名曰“项亭”，时以祀之。唐时扩建为祠，规模宏伟，李白的从叔李阳冰为之篆额“西楚霸王灵祠”，长存至今。历代名人在此多有诗咏，他们对项羽的评价各有所见，但对项羽自刎乌江的史实，都是一致认可的。

项羽自刎于乌江岸边的悲剧，是民间传闻，还是历史真实？至今仍无定论。

汉高祖本名之谜

略知中国历史的人都知道，经楚汉战争夺得天下建立汉王朝的汉高祖姓刘名邦。但是，与刘邦同为西汉人的司马迁，却在他的《史记·高祖本纪》中云："高祖，沛丰邑中阳里人也，姓刘氏，字季。"只说其字为"季"，却不提其名为何。东汉班固不满于《史记》将本朝君王列于百王之末，断代而为《汉书》，但在首篇《高帝纪》中，也只说："高祖，沛丰邑中阳里人也，姓刘氏。"不仅不言其名，甚至连字也省略了。直到一个半世纪之后，东汉的荀悦才明言：汉高祖"讳邦，字季"。

这一现象，唐代学者就有所疑惑。司马贞在《史记索隐》中指出："此单云字，亦又可疑，按汉高祖长兄名伯，次名仲，不见别名，则季亦是名也。故项岱云：高祖小字季，即位易名邦。"但是，项岱仅指出了高祖的小字是"季"，仍没有提到他的本名究竟是什么。

古人"幼名冠字"，《礼记·檀弓》曰："始生三月而加名，故云幼名；年二十有为人父之道，朋友等类不可复呼其名，故冠而加字。"名与字的关系应是前者为本，后者为末，如《颜氏家训·风操》所言："古者，名以正体，字以表德。"一个人是不可能有字而无名的，因此，《史记》不书名却有"字季"的记载实属非常。

项岱说“季”是高祖的小字，那么，小字是否就是“字”？非也。小字是一个人的乳名。如《后汉书》卷五十八记曰：“（傅）燮慨然而叹，呼干（傅干，燮子）小字曰：别成，汝知吾必死邪……”但是傅干的字是“彦林”，可见“别成”非其字。又如《三国志·魏志·武帝纪》裴松之注引《曹瞒传》曰：“太祖一名吉利，小字阿瞒。”但是人们都知道，曹操的字是“孟德”，此又说明小字非字，故“季”也不是汉高祖的字，只能是他的乳名。

刘邦、吕后及其子刘盈（《绘图西汉通俗演义》）

据《史记》《汉书》记载，汉高祖有两兄，长兄伯，次兄仲，高祖曰季是很顺理成章的。然而，中国人常用伯、仲、季论兄弟长幼之次，因此，汉高祖“刘季”的“季”实为兄弟排行，它既非名，又非字，相当于“刘家老三”之意，仅此而已。

堂堂开国君主，名字竟叫“刘老三”？这不是太离谱了吗？刘新光认为这绝对有可能。首先，汉高祖本“起细微”，家庭地位低下，高祖本人不务正业，好酒及色，也没有什么文化，在这样的家庭里，父母不见得会像官宦人家那样煞费苦心地为孩子取名字，随便有个称呼也就行了。这样的情况在中国并不在少数，而且一直持续到现代。

其次，以汉高祖低下的家庭地位，其父母哪敢用“邦”字为儿子取名！古汉语中，邦、国互通，但“大曰邦，小曰国”，大国为邦。“刘邦”者，刘家的天下也，这样的大名，汉高祖的父母想都不敢想，更不敢胆大妄为地为儿子所用。因此，可以认为，出生细微的汉高祖，是带着仅有的小名开始他的创业历程的。

那么，“刘邦”又是在何时成为汉高祖的大名的呢？有两种可能，一是即位汉王的时候，又一是在即皇帝位时，刘新广认为后一种可能性更大。

刘季接受汉王之封实出无奈，他虽然先入定关中，依照与楚怀王“先入定关中者王之”的约定，他完全应该封为关中王或秦王，但是由于其兵力无法与项羽抗衡，只好屈居汉王之位，还烧绝栈道，以示再无东向之意，借此麻痹项羽。而当时的汉王国封域地处偏僻，全然不当“邦”字的美义。如果此时改名为“邦”，不仅与刘季的心情不符，还显现了其与项羽对峙的心志，于情于理，皆有不合。

反之，当垓下一役，败死项羽，刘季于公元前 202 年一跃而成为天下共主，此时如再没有正式名字，将如何向天地祈福？将怎样示教化于天下？“刘邦”之名应在此时应运而生。如前所析，“邦”字其称甚美，其义甚深，又与高祖此时的身份极为契合，很能体现他的尊严，于是，在他的高参们的斟酌、怂恿下，“刘邦”就取代了“刘季”，并成为汉高祖行之后世的大名。

从“刘季”到“刘邦”，记录了汉高祖的发迹史，也折射出中国人在取名习俗上的文化意义。探究这一问题，不是很有意思吗？

南越王赵佗墓究竟在何处

秦汉之际，在岭南行南海尉事的秦将赵佗兼并桂林、南海、象三郡，于汉高祖四年（前203），自立为南越王（汉高后五年［前183］称南越武帝），以番禺城（今广东省广州市）为都城。南越国存九十三年，共历五代王，赵佗是第一代王，在位六十七年。然而，令后人迷惑的是，赵佗墓究竟在何地？迄今无法叙清，就此论说层出。

从古代文献记载看，几乎是无法锁定赵佗的墓址的，因历代记载差异甚大。如晋裴渊《广州记》说："（番禺）城北有尉佗墓，墓后有大冈，谓之马鞍冈。"而马鞍岗在哪儿，没有指名，后人推测马鞍岗在今广州越秀山与象岗相连的凹处。北魏郦道元《水经注》引王氏《交广春秋》云："越王赵佗……死有秘奥神密之墓。佗之葬也，因山为坟，其垄茔可谓奢大。"这一记载连墓的大致位置都没有确定。李吉甫《元和郡县图志》云："禺山在县西南一里，尉佗葬于此。"但禺山在何处，原本就是广州古史上争论不休的问题。此后的记载更是五花八门，如《番禺杂志》"佗死，营墓数处……故不知墓之所在"，《广东新语》"南越武王赵佗，相传葬广州禺山，自鸡笼冈北至天井，连山接岭，皆称佗墓"。众说纷纭，让人如坠云雾。从史料记载看，赵佗墓的位置有"白云山""马鞍山""县东北八里""禺山"等诸多说法。赵佗墓是否就在这些地点的某一处呢？考古学家黄淼章分析认为：

第一，赵佗墓在“白云山之说”所依据的史料较少。对白云山的调查也表明，这里至今尚未发现西汉前期的遗址和墓葬。第二代南越王墓所在的象岗离当年南越王都城仅二三千米，而南越国已经发现的墓葬一般都是合族而葬，所以赵佗墓是否会远离都城设在白云山上就值得怀疑。

第二，“禺山之说”。所谓“禺山”究竟在何处，是一个争论不定的问题，由此还可引出赵佗墓究竟在禺山之东西南北四种推测。从某些史籍记载分析，禺山很可能在南越国都城内的一个小山坡，这也说明赵佗墓不可能在“禺山”。

第三，“鸡笼岗之说”。《广州西汉南越王墓》一文指出，鸡笼岗很少发现汉代的墓葬，也没有西汉前期大型墓葬的迹象，这一带地势低矮，地下水位高，不会被作为赵佗葬身之所，其他几说也被一一否定。

的确，南越国文王墓的发现，为寻找赵佗墓提供了极为重要的线索。从南越国墓葬规律来看，有“聚族而居，合族而葬”的特点，这说明聚族合葬是一种共守的礼仪制度。以合族而葬制度推测，既然第二代南越王占据象岗，赵佗墓也会占据一个相似的山岗，这一山岗不应离象岗太远；以父为昭、子为穆的昭穆制度推测，赵佗墓应在文帝墓左边。将几个条件综合起来发现，符合这些条件的山岗是越秀山，且是越秀山主峰越井岗——现在的中山纪念碑附近。不过，这也仅仅是一种推测。

还有一点提供读者思考，《太平寰宇记》引《南越志》说孙权派人在南越墓中得到“珠襦玉匣五具，金印三十六,一皇帝信玺，一皇帝行玺……又得印三纽，铜剑三枚”等大批珍宝。后人认为，此墓是南越国第三代赵婴齐的墓葬。实际上，赵婴齐时，已取消了僭帝的做法，怎么还会有皇帝之玺存在？而且，二代南越王墓出土的玉衣也没有达到五件。可见，如果《太平寰宇记》引用资料准确的话，该墓究竟是谁的就值得再思考了。

总而言之，只有发现了赵佗墓，这些问题才会迎刃而解。但是遗憾的是，迄今为止并未找到赵佗墓地所在，与此相关的众多历史秘密亦无法说清。

田横五百壮士下落之谜

田横（？—前202），秦末狄（今山东高青东南）人，齐国贵族。秦二世元年（前209），与从兄田儋共同起兵，重建齐国。楚汉战争中，汉军灭齐，田横自立为王。不久兵败，投奔彭越。汉高祖刘邦登上皇位后，封彭越为梁王，田横惧诛，率部众五百壮士逃居海岛（今江苏连云港云台山一带）。刘邦觉得田横深得齐人之心，如久居于齐地的岛屿上，以后恐怕会乘机作乱，于是派使者前往招降。田横推辞说，曾经烹杀汉使者郦生，今郦生之弟郦商是汉朝重要将领，不敢与之同朝，请求为庶人，长留海岛。刘邦第二次遣使告知说，已诫郦氏兄弟族人勿轻举妄动。并称："田横来，大者王，小者乃侯耳；不来，且举兵加诛焉。"田横迫于形势，携部属二人随使者赴洛阳。在离洛阳三十里之处，田横踌躇不前，认为自己曾与刘邦分别南面称孤，而今却为亡虏北面事之，不堪其耻。又说："陛下所以欲见我者，不过欲一见吾面貌耳。今陛下在洛阳，今斩吾头，驰三十里间，形容尚未能败，犹可观也。"于是自刭，让部属捧其头去见刘邦。刘邦为笼络人心，以王者礼节葬之。田横死后，他的两个随从在其坟旁凿洞，也自刭相随于地下。刘邦闻知大惊，觉得田横的部属都非等闲之辈。于是第三次遣使前往征召，而五百壮士听说田横死，集体"蹈海"自杀。事见《史记·田儋列传》。

还有一说不同于《史记》，其云，五百壮士被骗出海岛，走在半道得知田横死讯，在拜祭田横墓后，在墓前集体自杀。二说虽然有异，但对情深义重的五百壮士随田横而死的认识还是一致的。

近年有人提出异议，认为五百壮士当时并没有集体自杀，理由如下：一、据《元和郡县图志》记载，田横的弟弟在田横死后，一直隐居在离田横岛不远的小鬲山里，这里三面绝壁皆百余仞，只有东南一道能够出入，是避世生活的理想环境，田横之弟能在此生活至老，可以想见那五百壮士也不会尽数自杀。二、据《三十八国游记》记载，20 世纪初，美洲大陆还有“田人墓”的遗迹，这是田横门人之墓。当时，五百壮士并没有以身殉义，而是驾舟渡过太平洋，逃到美洲，在那里定居繁衍。他们及其后代，曾有人回过山东。

是杀身成仁，还是远走天涯？五百壮士的下落仍属史学界探索中的问题。

田横（《绘图西汉通俗演义》）

匈奴起源之谜

匈奴是我国古代民族。战国时分布于燕、赵、秦以北地区，秦汉之际势力强盛，统治大漠南北，建立奴隶制军事政权，曾屡与中原王朝征战。汉高祖七年（前200），匈奴大败汉军于平城（今山西大同东北），迫使刘邦缔结和亲之约。汉武帝即位后，多次进军漠北，扭转了屈辱忍让的局面。后匈奴内部纷争，于东汉建武二十四年（48）分裂为南、北两支。南匈奴入居内地，南北朝时成为逐鹿中原的“五胡”之一，曾先后建立前赵、北凉、夏等国。北匈奴屡为东汉和南匈奴所败，部分西迁，引起欧洲民族大迁徙，导致了罗马帝国的崩溃。

然而，这样一个对于中国历史与世界历史都产生过巨大影响的民族，学术界尚未能确论其起源和来历。从汉魏以来，一直存在两种不同的见解。歧异产生于《史记·匈奴列传》的一段记载：“匈奴，其先祖夏后氏之苗裔也，曰淳维。唐虞以上有山戎、猃狁、荤粥，居于北蛮，随畜牧而转移。”一部分学者据这段文字的前半部分认为，匈奴是夏之后代。《史记索隐》引张晏的话说：“淳维以殷时奔北边。”意即夏的后裔淳维，在商时逃到北边，子孙繁衍成了匈奴。还有一说认为，移居北地的夏之后裔，是夏桀的儿子。夏桀流放三年而死，其子獯鬻带着父亲留下的妻妾，避居北野，随畜移徙，即是中国所称的匈奴。

近代学者吕思勉、金元宪等，也持类似看法。

另一部分学者根据《史记》记载的后半段文字，认为匈奴原是山戎、猃狁、荤粥。《孟子》赵岐注、《毛诗》郑玄笺等持此说，到近现代，关于此说的论述更为精密。王国维在《鬼方昆夷猃狁考》中，对匈奴名称的演变作了系统的概括，认为商时的鬼方、混夷、獯鬻，周时的猃狁，春秋时的戎、狄，战国时的胡，都是后世所谓的匈奴。梁启超、方壮猷的意见也与王国维一致。还有一说，把鬼戎、义渠、燕京、余无、楼烦、大荔等史籍中所见之异民族，统称为匈奴。

上述看法，在近现代学者中并未取得统一。蒙文通、黄文弼认为，鬼方、荤粥、猃狁是古代披发左衽的羌族，林胡、楼烦、义渠才是胡服椎结的匈奴的前身，这两者是截然不同的两种民族。还有一说，以岑仲勉为代表，认为匈奴与先秦时期的北方少数民族不可混为一谈，匈奴应是西方草原的一个游牧民族，秦始皇之前还未游牧至中国北部。

由于匈奴的起源问题不能解决，匈奴的族属（蒙古族、突厥族，还是斯拉夫族）、匈奴的语系（蒙古语系、突厥语系，还是伊朗语系）等问题，也都成为悬案。

“万岁”何时专颂皇帝

在中国封建社会里，“万岁”一词是最高统治者的代名词。臣子口中的“万岁爷”就是皇帝，除了皇帝，谁也不敢将自己与“万岁”联系起来，就连明朝权倾朝野的大宦官魏忠贤，虽然从不把皇帝放在眼中，也只敢以“九千岁”自居。其实，在西周、春秋时，“万年无疆”“眉寿无疆”等是人们常用的颂词和祝福语。《诗经·豳风·七月》有“跻彼公堂，称彼兕觥，万寿无疆”之句，它描写人们经过一年的辛勤劳作后，举行欢庆仪式的场面。这里的“万寿无疆”，是人们举杯痛饮时发出的欢呼语。西周金文中也有很多这类文字，它并不是对天子的赞颂，而是一种行文款式，凡铸鼎者皆可用。如“唯黄孙子系君叔单自作鼎，其万年无疆，子孙永宝享”。表示的只是传之子孙后代、永远私有之意。而“万岁”一词，是这些颂词、祝福语的发展和简化。

从战国到汉初，“万岁”一词频繁地出现在人们口中，记载在历史文献中。《战国策·齐策》记载孟尝君遣门下食客冯谖，前往封邑薛（今山东滕州东南）收取债息。冯谖到薛后“使吏召诸民当偿者，悉来合券”。但有些贫民实在无力还息，冯谖便自作主张，“因烧其券，民称万岁”。《史记·廉颇蔺相如列传》记，蔺相如奉和氏之璧入秦，“秦秦王，秦王大喜，传以示美人及左右，左右皆呼万岁”。可见此时的“万岁”，只是一种欢呼语。这一时期，“万岁”还有另一种意思，即作为“死”的讳称。如《战国策·楚策》载，楚王游云梦，仰天而笑曰：“寡人万岁千秋之后，谁与乐此矣?”《史记·高祖本纪》：“吾虽都关中，万岁后吾魂魄犹乐思沛。”这里“万岁”的意思，与《三国志·魏志·武帝纪》裴松之注引《魏武故事》中曹操所言“顾我万年之后，汝曹皆当出嫁，欲令传道我心，使他人皆知之”的“万年”是一样的。

那么，“万岁”一词究竟在什么时候归帝王专用呢？史学界意见并不一致。一种意见以为，汉高祖刘邦临朝时，“殿上群臣皆呼万岁”。这时的“万岁”，与战国时作为一般欢呼语的“万岁”不同，是与一整套朝廷礼仪连在一起的。刘邦在马上得天下，登上皇帝宝座后，仍时常露出草莽英雄本色。名臣叔孙通认为不利于维持天子的尊严，于是制定一套御用礼仪，使“自诸侯王以下莫不振恐肃敬”，也使刘邦感到“吾乃今日知为皇帝之贵也”。虽然这套礼仪为后世礼制不断补充、修订，越来越完善，但“万岁”成为皇帝的专称，应是从刘邦开始的。

另一种意见认为，属于皇帝的“万岁”，始于汉武帝时。汉武帝独尊儒术，“万岁”也被儒家定于皇帝一人。稽诸史籍，《汉书·武帝纪》载，元封元年春正月，武帝行幸缑氏。诏曰：“朕用事华山，至于中岳……翌日亲登嵩高，御史乘属，在庙旁吏卒咸闻呼万岁者三，登礼罔不答。”呼万岁者三，是谁呼的？荀悦注曰：“万岁，山神称之也。”

汉高祖刘邦（《晚笑堂画传》）

十五年后，即太始三年二月，汉武帝又称自己“幸琅邪，礼日成山。登之罘，浮大海。山称万岁”。连山神、山石都得喊他万岁，臣民岂能不呼？从此，帝座前“万岁”声不绝于耳，他人称之，即成僭越、谋逆、大不敬了。

还有一种意见认为，汉朝在皇帝以外使用“万岁”的情况，并非没有。如汉朝礼仪规定，对皇太子亦可称万岁。当时皇族中还有以“万岁”为名的，汉和帝的弟弟就叫“刘万岁”。从汉到唐，对人臣称“万岁”的事例，也是不绝于书，不胜枚举。如《后汉书·李固传》记名士李固被权臣梁冀诬陷入狱，门生故旧上书申诉，“太后明之，乃赦焉。及出狱，京师市里皆称万岁”。唐郭子仪与回纥会盟，“执酒为誓，子仪酹地曰‘大唐天子万岁，回纥可汗亦万岁，两国将相亦万岁’”(《资治通鉴·唐代宗永泰元年》)。可见，皇帝专称万岁之制，尚未牢固。只有到了宋朝，“万岁”之称人臣才决不可染指。《宋史·寇凖传》记载，北宋大臣寇凖出行，途遇一精神病患者“迎马呼万岁”，此事为寇準的政敌所知，立即上书告发，结果寇準被罢去同知枢密院事之职，降至青州任知州。大臣被人误称万岁，要受降职处分，一般百姓如果称了“万岁”，后果更不堪设想。北宋大将曹利用的从子曹汭，一次喝醉了酒，“令人呼万岁”，被人告发，杖责而死（《宋史·曹利用传》）。可见，到宋朝，除了皇帝，绝对不允许任何人称万岁。

综上所述，“万岁”成为封建帝王的专称有一个发展演化过程，这一过程，反映出封建专制中央集权的不断加强。至于究竟何时“万岁”被皇帝独占，还是值得探讨的。

韩信究竟因何而死

韩信是秦汉之际的军事家，在秦亡汉兴的过程中，为刘邦夺取天下，立下汗马功劳，被称为汉初“三杰”之一。但韩信在功成名就之后，却未能寿终正寝，而在汉高祖十一年（前196）被吕后、萧何诱杀于长乐宫钟室。韩信为什么会落得如此下场？史学界历来说法不一。

● 韩信（《晚笑堂画传》）

较普遍的看法是韩信因谋反而遭杀戮。汉高祖五年，韩信恃功致书刘邦，请封假王。当时刘邦被楚军围困于荥阳，日夜盼望韩信率军来援。得此书信后，知是韩信故意借机要挟争权，震怒异常。张良、陈平认为，汉军形势不利，并无能力禁止韩信自立为王，不如顺水推舟，封他王爵，以收军心。刘邦领悟，便改口说：“大丈夫定诸侯，即为真王耳，何以假为！”遂封韩信为齐王。刘邦同意封韩信为王，实属不得已，故楚汉战争一结束就夺其兵权，并徙封为楚王。其间，齐人蒯通曾劝韩信自立为王，并向他指出继续听命于刘邦的危险性。韩信不忍背汉，又自以为功高，刘邦不会狠下毒手，遂不听。刘邦对韩信的戒心，并未因将其改封楚地而稍减。果然，不久刘邦就发现：项羽故将钟离昧与韩信交往密切，项羽败亡后，钟离昧竟亡归韩信。于是，刘邦命令捕昧归案。此时，韩信初至楚地，出入都以重兵保护，更加引起刘邦怀疑。恰值高祖六年又有人告其谋反，这就更坚定了刘邦诛锄韩信的决心。刘邦采用陈平之计，借口游楚之云梦，欲趁韩信不备擒拿。刘邦发使告诸侯会于楚国西界的陈。韩信闻讯，已猜出刘邦此行意图，欲发兵反，又自度无罪，欲见刘邦，又怕被擒，就这样犹豫了多时。最后，他听从左右进言，于十二月刘邦至陈时，持钟离昧之首级前去朝会，岂料刘邦还是逮捕了他，载于后车。到洛阳后赦之，降封淮阴侯，使居长安。从此，韩信常称病不朝，日夜怨望，居常怏怏。他后来与握有重兵的边将陈豨约定，里应外合，准备叛乱。及陈豨反于代，刘邦亲率兵征伐，韩信托病不从，依原计划准备响应陈豨。他与家臣谋，夜诈诏赦诸官徒奴，欲发兵袭吕后、太子，部署已定，却被手下一个舍人的弟弟告发。吕后遂与萧何设计，称陈豨叛乱已息，令朝臣入宫庆贺。韩信惊悉此讯，勉强入宫。哪里想到，一入长乐宫，就被斩于钟室。由于《史记·淮阴侯列传》《汉书·韩彭英卢吴传》的记载，韩信留给后人的形象便是计较个人得失，闹分裂，谋叛乱的阴谋家，他因谋反而死势在必然。

与此相反，有的学者认为，韩信谋反一说并无实据。首先，韩信无意叛汉。在秦亡汉兴的过程中，韩信为刘邦的帝业立下了汗马功劳。他多次援救刘邦于军情危急之时；拒绝自立为王的劝诱，并说："汉王遇我甚厚……吾岂可以乡（向）利而倍（背）义乎?"及至闲居长安，丧失兵权时，他反而心生异志，岂不违背常理？其次，汉高祖十年，陈豨举兵反，刘邦率兵击之，十一年破陈豨。其后，发生了所谓韩信谋反事件。此时陈豨已败，何以里应外合？再次，韩信谋反事件的告发者，是韩信属下一个舍人的弟弟。那个舍人得罪于信，信将其囚禁起来欲加诛杀，舍人之弟遂告信欲反状于吕后。如果韩信真欲谋反，能将此秘密泄露给一个罪徒的弟弟吗？

有的学者指出，韩信之死，是由汉初统治者的预定国策所决定的。刘邦在特定的历史条件下封七名功臣为王，史称"异姓诸王"。他们据有关东的广大区域，拥兵自重，专制一方，是统一的隐患，更是中央集权的严重障碍。为了帝位永固和刘氏天下的安全，刘邦必须为子孙后代扫清道路，那些功臣必然成为"家天下"的牺牲品。异姓诸王中，长沙王吴芮势力最小，封国又僻远，处在汉与南越的中间地带，可起缓冲作用，因此幸免于杀戮。其他如韩王信、淮南王黥布、燕王卢绾由于刘邦怀疑、逼迫，以致走上反叛道路，最终被消灭。梁王彭越、赵王张敖则如楚王韩信一样，既无反状，又无他罪，却都以谋反为借口被杀。如果韩信是庸庸碌碌，谨小慎微者，或许可如吴芮一样免于一死。而韩信恰恰是"连百万之军，战必胜，攻必取"的良将，功高震主，刘邦怎能不视为喉中鲠骨？韩信之死，就如韩信本人所叹："狡兔死，良狗烹；高鸟尽，良弓藏；敌国破，谋臣亡；天下已定，我固当烹！”汉高祖“非刘氏而王，天下共击之”的既定国策，应是韩信之死的根本原因。

韩信缘何而死？学者们至今各执一端，难分高下，并将太史公司马迁也牵入了争论。反对韩信谋反说者认为，所谓韩信谋反之说，是司马迁撰史时故意留下的疑点造成的。司马迁明知韩信蒙冤而亡，但在专横跋扈的汉武帝时代，不敢直书其事，便留下有破绽的记载，让后人评说。坚持韩信谋反说者则认为，怀疑司马迁的记载没有根据，因司马迁看出韩信怀有追求功名利禄的欲望，故记下他“谋畔逆，夷灭宗族”的结局，还在论赞中补充了韩信在贫困时犹于高敞地葬母，令其旁可置万家的故事，以见其志与众异，表明韩信谋反是其个性与志向使然。韩信生为人杰，死于非命，其死因之究竟仍有探讨余地。

汉初三杰（《绘图西汉通俗演义》）

张良墓地究竟在何处

西汉初年的张良，是中国历史上一位传奇式的人物。据《史记》《汉书》等史籍记载，张良的先人五世相韩，秦灭韩后，他结交刺客，曾在博浪沙狙击秦始皇。陈胜、吴广起兵后，张良聚集起百余名少年投奔沛公刘邦。他精通兵法，为刘邦出谋划策，深得刘邦信赖。刘邦称赞他能“运筹策帷幄中，决胜千里外”。汉朝建立后，被封为留侯。然而，这位功名卓著的开国元勋在功成名就之后，却急流勇退，称病不朝，过起闭门谢客的隐居生活，直至汉高后三年（前 185）去世。因此，张良的晚年活动鲜为人知，以至于被人蒙上一层神秘色彩，而张良死后究竟葬于何处，也成为千古之谜。

关于张良的墓地，人们曾有多种猜测。有人认为，张良墓地在今河南省兰考县。兰考县城西南 6 千米的曹辛庄车站南侧，确有一座张良墓，高达 10 米，周围古柏环绕，郁郁葱葱，似有一定来历。又据传说，刘邦死后，吕氏专权，张良便托病隐居于东昏县（今河南兰考东北）西南的白云山，死后就葬于该地。后世的戏曲、小说也有相似描写，说张良纳还冠盖，辞朝学道，刘邦追至白云山，张良幻化而去，从此不知下落。可见这种看法是有所依据的。

也有人认为，张良墓地在今江苏省沛县。据唐代《括地志》记载："汉张良墓在徐州沛县东六十五里，与留城相近也。"又载："故留城在徐州沛县东南五十五里，今城内有张良庙也。"当初刘邦封侯的时候，曾许诺让张良"自择齐三万户"。但张良以在留城与刘邦首次相见为理由，要求封给他留。既然封地在留，死后葬于留城附近，应属合情合理的事情。这一看法以唐代文献为依据，且与史实较接近，也有一定说服力。

还有人认为，张良墓地在今湖南张家界的青岩山。当地山水奇丽、林木清幽，是著名的风景区。据《仙释志》记载："张良，相传从赤松子游。有墓在青岩山，时隐时现。"《陵墓志》也记载："汉留侯张良墓，在青岩山。良得黄石公书后，从赤松子游。邑中天门、青岩各山，多存遗迹。"核以史实，张良确实曾在封侯之初，便向刘邦作了"愿弃人间事，欲从赤松子游"的表白。综合上述记载，说他晚年前往景色秀美的青岩山，隐居学道，死后即葬于该地，并不是不可能的。

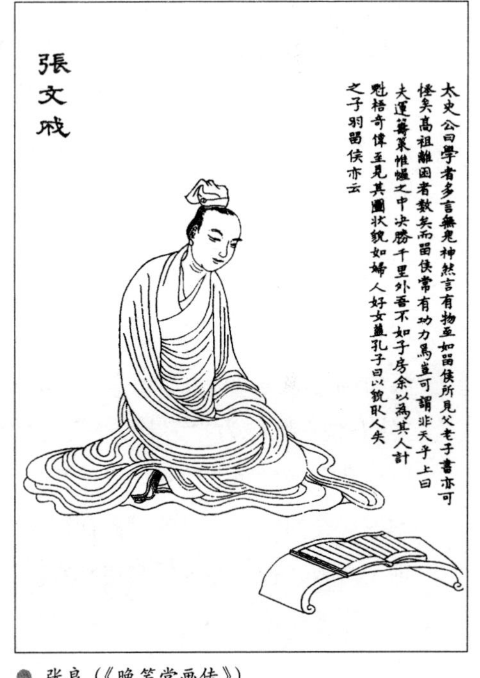

● 张良（《晚笑堂画传》）

汉文帝究竟免租几年

西汉初年，尤其是汉文帝一代，推行轻田租、免租税的政策，在历史上有较大影响，也为当今史学界所重视。但是，关于汉文帝是否免除租税及其免除的年份问题，由于史家对文献记载的理解不一，争论较大。归纳起来主要有两说：一说，汉文帝曾免除租税达十余年之久；一说，汉文帝仅免除一年的田租。

《汉书·食货志》云："上（文帝）复从其（晁错）言，乃下诏：赐民十二年租税之半，明年，遂除民田之租税。后十三岁，孝景二年，令民半出田租，三十而税一也。"对此，有人认为，这段史料中的"后十三年"，应理解为是"次第数"，而不是"累计数"，其完整的意思或正确的解释应该是：汉文帝十三年（前 167）下令免除当年的田租，其后实行的是"什五税一"。过了十三年，至景帝二年（前 155）便由"什五税一"减为"三十税一"。从当时情况看，尽管统治者通过"募民入粟"或加重"口算"等途径广开财路，但这只是其不必提高田租率的一个原因，不可能就此而对田租长期放弃不收。而且，一个封建地主政权，拥有庞大的官吏和军队，吏禄、官用的开支是大量的，要长达十多年不征田租，恐怕在理论上和实践上都不可能。这只能是历史传说。

有人则认为，汉文帝十三年，再过十三年应该是景帝三年，即公元前 154 年。这与记载不符，因此，把“后十三年”看作是一个“次第数”，显然无法自圆其说。相反，把“后十三年”作为“累计数”来看，从文帝十二年开始，加上十三年，恰好是“孝景二年”。这不能把它看作是数字的偶然巧合，说明事实就是如此。另外，汉代田税虽然是国家的一项重要收入，但不是主要收入。汉代的主要赋税，是按人征收的算赋、口赋和更赋。而且，汉文帝提倡节俭，裁减了一部分军队，又“募民相徙以实塞下，使屯戍之事益省，输将之费益寡”，以及采取“入粟拜爵”措施，这些均可证明汉文帝曾实行免征十余年田租的政策。那么汉文帝免除田租究竟有多少年？有的认为是十一年，有的认为是十二年，也有的认为是十三年。但据《汉书·食货志》记载，从汉文帝十二年加十三年，是景帝二年，但景帝二年已“令民半出田租”。似乎说免征十二年田租较为可信。

周亚夫真是自杀的吗

说起周亚夫，读者一定不会感到陌生，初中语文教材中有一篇《周亚夫军细柳》的文章，说的是汉文帝时，为抵抗匈奴，河内守周亚夫为将军，驻军细柳，军纪严明。文帝前往视察，至军门，军士以“军中闻将军令，不闻天子之诏”为对，不让进。后周亚夫传言开壁门，军士又阻止文帝车骑在营中驱驰，周亚夫迎见文帝，行军礼，不行君臣大礼。文帝不仅不生气，反而连声赞叹：“此真将军矣！”

这个耿直倔强的周亚夫，是汉初名臣绛侯周勃的儿子，不仅有显赫的家世，本人也屡建奇功。景帝三年（前154），爆发了以吴王濞为首的“七国之乱”，其势汹汹，危及中央王朝。周亚夫临危不惧，调兵遣将，平定了叛乱，先后任太尉、丞相等要职。不久，周亚夫的儿子“为父买工官尚方甲楯五百被可以葬者”，目的是提前为父亲准备随葬品。但是，盗用尚方兵器是犯法的，其子为人所告，连及周亚夫。廷尉以“君侯欲反邪”相诘，周亚夫不屑地回答：“臣所买器，乃葬器也，何谓反邪？”但廷尉竟然说：“君侯纵不反地上，即欲反地下耳。”最后，周亚夫在“吏侵之益急”的情况下，“不食五日，呕血而死”。

由于《史记》的上述记载，人们一般认为周亚夫是自杀身亡的。但是周乾濚却不这样认为：

其一，周亚夫的性格直率耿介，从他军细柳的情形我们已经窥见一斑。宋人洪迈说“其傲睨帝尊，习与性成”，而且“必已见于辞气之间”。因此，文帝能赏识他的率真，并不意味着景帝也有同样的胸怀，周亚夫得罪于景帝而不自知是绝对有可能的。

其二，周亚夫担任丞相后，参与国家重大事务决策的机会多了，与景帝发生矛盾的机会也多了。如景帝要废太子刘荣改立刘彻（即汉武帝）、要封皇后之兄王信为侯、要封归降的匈奴王为侯的时候，周亚夫都搬出祖训坚决反对。景帝先是容忍，后来干脆表明：“丞相议不可用”，不仅不采纳他的意见，反而越来越疏远他。周亚夫见劝谏无效，就“谢病”，景帝也就顺水推舟，干脆就将他“以病免相”了。

其三，汉景帝要为继承人扫清障碍。周亚夫曾为太子刘荣力争，没有成功，却引起景帝对他的疑忌。景帝担心自己死后，周亚夫会不利于改立的继承人。周亚夫罢相后，景帝曾在禁中赐食，其中有一道菜是一大块整肉，没有分割，也不准备筷子，周亚夫回头唤尚席取筷，景帝笑着说：“此不足君所乎？”周亚夫露出不平之色，很快离开了。景帝望着他的背影，说：“此怏怏者非少主臣也！”这就是景帝的心里话。为了铲除后患，景帝是会不惜一切的，这种心态，与日后明太祖朱元璋杀功臣时的心态如出一辙。

其四，司马迁在《史记》中记载，周亚夫早年有人为他算命，说他会封侯为相，贵重无比，但最后会饿死，后来果然饿死。所谓饿死，可能是绝食而死，但也有可能是不给食或少给食，使之饥饿而死。唐人笔记《独异志》记周亚夫：“帝付廷尉，饥食藁席九十日，至饿死。”

笔记往往能言正史所讳言，景帝欲置周亚夫于死地，又不愿承受妄杀功臣之名，所以不加刀锯，使其自然死去，这应是最好的选择。

所以，周亚夫之子盗买尚方兵器之事不是周亚夫致死的主要原因，它只是将潜伏已久的矛盾引爆，为景帝提供了杀害周亚夫的机会。权衡利弊，景帝迟早会走出这一步的。而史书记载的含糊其词，让周亚夫戴上了“自杀”的帽子，这，或许正是汉景帝所需要的效果。

● 周亚夫
篆刻　郑英旻

马王堆女尸是汉景帝生母吗

20世纪70年代初期，考古学家在湖南长沙东郊发掘出马王堆汉墓，这是新中国成立以来考古工作的一项重大收获。汉墓共三座，其中2号墓的墓主是西汉初期长沙国丞相轪侯利苍，1号墓则有一具保存完好、年龄在五十岁左右的女尸。虽然经历了二千多年，女尸各部位和内脏器官的外形还相当完整，肌肉组织和软骨等细微结构也保存良好，病理解剖表明，死者生前患有多种疾病，死亡原因似是胆绞痛引起冠心病发作。她的身份应是1号墓墓主，利苍的夫人。

● 汉景帝（《三才图会》）

人们注意到，女尸的装殓十分考究，陪葬品又十分丰厚。她全身裹殓各式衣着、衾被及丝麻织物多达二十层；边箱中出土的随葬品数以千计，有帛书、竹简、纺织品、漆器、乐器、陶器、竹木器、农畜产品、食品、瓜果、中草药等，尤其是那幅奇幻瑰丽的帛画，更是以其极高的艺术水平，赢得国内外考古学家的赞叹。人们不禁怀疑，一个万户侯的妻子，怎么能享受如此高的丧葬规格？她的随葬品怎么几乎赶得上皇太后？日本考古学家滨田先生还提出，当时西汉还没有甜瓜传入，女尸胃中怎么会有甜瓜籽？女尸的右小臂怎么会有陈旧性骨折？一连串的疑问无法解答，于是，还有一种说法悄然产生：

据说，汉文帝后宫佳丽虽多，却无男性子嗣，他喜欢上宫女马彩娥，并使她怀孕。文帝高兴地写下“彩娥之子，寡人之真骨脉也”的金书交彩娥珍藏，盼望她能生下一个龙子。谁知，皇后闻讯立即假称有喜，然后在彩娥临盆之际杀母夺子。幸有善良的太监帮助彩娥逃出险境，但在逃命过程中，彩娥从高处滚落，折断小臂，昏迷不醒。正好有卖豆腐的男子王二喜经过，救起了彩娥，后两人结为夫妇。

十八年后，文帝驾崩，太子刘启即位，这就是景帝。一天，王二喜历尽艰险，设法见到了景帝。他取出先帝的金书，说明马彩娥是当今皇太后，但景帝怎么也不相信。情急之中，王二喜说出景帝少一个脚趾，这是当年马彩娥作的记认。这下，由不得景帝不信，他当晚就微服私探母亲，母子抱头痛哭，由于当时皇太后的势力还很大，马彩娥怕风声走漏对儿子不利，就提出回湖南老家。羽翼未丰的景帝无奈，就将王二喜封为万户侯，赐他许多金银财宝，派他到长沙履任。

景帝对生母至孝，一有稀罕物品，就派人送给彩娥。这年夏天，西域使者进献一批甜瓜，景帝立即派人送至长沙，让母亲尝鲜。彩娥食后不久，就因心脏病发作离开人间。她的葬礼自然是隆重的，不仅尸身作了严格的防腐措施，墓穴也比侯爷夫人深三尺，随葬品更是应有尽有。

这种说法似乎天衣无缝，它把女尸的厚葬、小臂的旧伤、胃里的甜瓜籽等问题都解释清楚了，更不用说它曲折离奇，哀怨动人，很能打动人们的心。

然而，打开史书，却有颇多疑问。其一，汉文帝还在作代王的时候，其妻窦氏已经为他生下两男一女。《史记·外戚世家》记载："代王独幸窦姬，生女嫖，后生两男。"其他侍妾也曾生下过两个儿子。文帝即位后，窦氏即被封为皇后，这个皇后早已有子，根本不需要煞费苦心地去"杀母夺子"。

其二，汉景帝刘启九岁被立为太子，公元前 157 年即位时，已有三十一岁了，与传说中的十八岁登基全然不同。

其三，据《史记·惠景间侯者年表》记，女尸的丈夫利苍是在汉惠帝二年（前 193）被封为轪侯的，当时有封户七百，而传说中却成了在景帝年间（前 157—前 141）封侯，七百户的小侯也成了万户侯。

最后，据考证，轪侯利苍的夫人死于文帝十五年（前 165）左右，也就是说，汉景帝即位前八年，这位夫人已经去世，因此不可能有母子相认的事情。

显然，所谓汉景帝生母的说法，是缺少史料依据的，它充其量是一个传奇故事，以其悲欢离合的动人情节获得一时流传。长沙马王堆汉墓女尸虽然得以厚葬，但她的身份仍然只是轪侯利苍的夫人，一个贵族的妻子。

女尸千年不腐之谜

1972年，位于湖南长沙市东郊的马王堆1号汉墓被发掘，考古学家们发现了一个令全世界为之惊异的秘密——日后被证明是西汉长沙国丞相轪侯利苍之妻，长眠地下两千一百多年竟然毫发未损，栩栩如生！此后，引起了世界各国学者关于女尸千年不腐原因的探究，究竟是人为因素，还是有其他原因，成了众说纷纭的热点话题。

有学者认为，马王堆汉墓的内部环境是女尸千年不腐的关键因素。他们指出，马王堆汉墓的墓室深邃、幽闭，从而隔绝了空气。据考古发现，埋葬女尸的墓穴从坑口到坑底深达16米，再加上墓上的封土，墓的深度达到了20米！造墓时，不单挖出土坑就算完事，实际勘察表明，在挖出了墓坑后，又用版筑法夯筑了墓坑的上半部和墓道，墓主下葬后，再填土夯实。深而实，阻隔了空气的侵入，进而使尸身不能氧化。

也有学者认为，墓室复杂的防潮结构，保持了良好的内部环境。墓底和椁室周围塞满了木炭和白膏泥，木炭靠内部，厚0.4—0.5米，重一万余斤。木炭外的白膏泥层厚达1—1.3米。由于这种白膏泥黏性强，渗透性低，为密封创造了良好的条件。这样的设计，使深闭地下的墓室与大气隔绝，不仅不会受气候的变化影响，保持相对的恒温、湿度，而且能有效防止地下水渗入墓室。与此同时，墓室封闭一段时间后，由于残存氧气逐渐被随葬的有机物消耗掉，厌氧菌随之繁殖，从而有效防止了腐烂。

还有学者认为，汞、砷等化学元素的保护，也许才是女尸不腐的直接原因。一说，墓主生前大量吞食仙丹，导致了汞、砷中毒，造成汞、砷在细胞内外沉淀。这种沉淀可以对活细胞起到一定的固化作用。可以说，墓主虽然生前没有得到仙丹的益处，死后却受到了它的庇护令肉身永存。另一说，则是以对棺液的化验结果为依据，提出了棺液中含有大量的硫化汞、乙醇和乙酸等，这才是女尸不腐的真实原因，进一步指出硫化汞等在尸体的防腐固定方面确实起到了很大的作用。

持棺液说的学者，虽然言之凿凿，但一个很现实的问题又摆在了面前，即为什么在数层的套棺间只有椁室和内棺，即最里层和最外一层有液体，同时为什么这些液体呈现的状态又不相同呢？

有些学者通过观察发现，内棺制造的严密程度很高，几乎没有渗水的可能。就算是能渗水，也应该是通过外面的三层套棺层层渗进，最后才能达到内棺，而实际上，外面三层套棺连渍水的痕迹都没有，这说明外水内渗的现象是不可能发生的。他们由此得出结论，内棺的液体是在封棺前就已经存在了，应该是注入的防腐液。

另有一些专家不同意上述观点。他们认为，对棺液的化学分析和微生物的实验表明，棺液中所含的有机酸虽有微弱的抑菌杀菌作用，但其来源很有可能是尸体本身的脂肪蛋白质及殓装蚕丝蛋白的分解。如果真是这样，就不能证明棺液是封棺前注入的液态防腐剂。

众说纷纭，各据其理，不腐女尸，难以阐释的棺液……谜团迭起，带给我们太多琢磨不透的问题，至今争论不休。

马王堆汉墓帛画含义之疑

位于湖南长沙东郊的马王堆一号汉墓于1972年发掘，出土了大批震惊中外的珍贵文物。其中一幅奇幻瑰丽的帛画，引起了人们的极大兴趣。帛画呈“T”字形，全长205厘米，上部宽92厘米，下部宽47.7厘米。顶端横裹一根竹竿，上系丝带，可以张举。中部、下部的四角各缀一条长约20厘米穗状青黑色麻质绦带。出土时覆盖在内棺盖板上，画面向下。帛画分上、中、下三部。中间以最显著的位置画着一老妇人（即墓主人），拄杖蹒跚而行，前面有两人捧食案跪迎，后面有三个侍女随从。人像上面是华盖式的屋顶，屋顶上相对栖息着鸟（一说凤）。下有展开双翼的怪鸟（一说风神）。人像两侧是交蟠穿璧的双龙，璧下歇着一对人首鸟身的动物。帷帐下，是室内摆着饮食器的画面。画两边对坐着六人，另有一人伫立一侧。画的最下端，绘着两条交互的鳌鱼（或鲲），它的背上蹲着

长沙马王堆汉墓帛画

一个赤身裸体的力士，双手托着象征大地的白色扁平物。

对此，有人认为这是一幅色彩鲜艳、技法高超的图画。它用上、中、下三部分，表现天上、人间和地下的景象，画面将天地神灵与贵族的人间生活，巧妙地组合在一起，表现了高妙的艺术构思与非凡的想象力。所绘墓主人图像，如宴饮、车马、仪仗等场面，构图精细，线条有力，色彩明朗，达到很高的艺术水平。

有人则认为，该画利用“T”字形的横与竖的分界作为天上与人间的分界，把幻想的天国与人世间巧妙地分开，但又有机地联系着。整个天国在构图上取得横势，以求开阔，但在疏朗中可见紧凑。最上边是日月和天上的神祇。神祇在画面的最上部正中，左有红日，右有新月，两条龙都从日月下方昂首侧向神祇。这样，突出了神祇作为神话中主宰万物的至高无上的地位。从形状和所绘内容看，这幅帛画当属旌旗画幡一类东西，用以“引魂升天”。出丧时，作为灵车前导张举的仪仗，招摇过市；入圹以后，覆置在内棺盖板上。

也有人认为，该帛画是一种魂幡，其形式和用途都是从古代以衣“招魂以复魂”的习俗演化而来，主要目的在于使死者安土，而不是“引魂升天”。由于我国汉族传统的葬式主要是土葬，古代统治者还盛行深葬，而长沙自然条件又比较“卑湿”，因此魂幡主要描写的是地府的情景，以地母神话为主，兼及治水神话。

马王堆一号汉墓帛画，以其丰富而神秘的内容，引起人们种种推测，专家们仍在孜孜不倦地探索。

“罢黜百家”是董仲舒提出的吗

“罢黜百家，独尊儒术”是汉武帝在位时采取的政策，其核心是罢黜诸子百家，只允许通晓儒家学说的人做官，借以统一思想，巩固专制主义的中央集权制度。在这一政策指导下，汉王朝在太学专设五经博士，用儒家经典来教育贵族子弟。选拔官吏，也以儒学作为标准。从此，儒家思想成为维护封建统治的正统思想。

“罢黜百家”的思想总是与汉代群儒之首董仲舒连在一起。董仲舒在著名的“天人三策”中提出：“《春秋》大一统者，天地之常经，古今之通谊也。今师异道，人异论，百家殊方，指意不同，是以上亡以持一统，法制数变，下不知所守。臣愚以为诸不在六艺之科、孔子之术者，皆绝其道，勿使并进。”因此，董仲舒长期以来佩着“独尊儒术”元老的勋章，也一度因此而成为罪魁。然而，董仲舒该不该为这一思想的提出负责？这一问题一直困扰着学者们，其关键在于董仲舒的“天人三策”究竟是哪一年提出的。

《汉书·武帝本纪》记载：“建元元年，诏举贤良方正、直言极谏之士。丞相绾奏：‘所举贤良，或治申、商、韩非、苏秦、张仪之言，乱国政，请皆罢。’奏可。”这就是说，在建元元年（前140）就已经有了“罢黜百家”之说。但是，《武帝本纪》在元光元年（前134）的岁首十一月记载了举孝廉的事，又在五月记载了汉武帝诏贤良对策的事，并说："于是董仲舒、公孙弘等出焉。"问题就出在这里：如果董仲舒在元光元年刚刚被举孝廉并参加对策，那么，他就不是"罢黜百家"的创始人了。但是，《汉书·董仲舒传》却明言："仲舒对册，推明孔氏，抑黜百家。立学校之官，州郡举茂材、孝廉，皆自仲舒发之。"

这一矛盾，宋人早就发现并产生分歧了。司马光《资治通鉴》将董仲舒对策归于建元元年："冬十月，诏举贤良方正直言极谏之士，上亲策问以古今治道，对者百余人。广川董仲舒对曰：……天子善其对，以仲舒为江都相。会稽庄助亦以贤良对策，天子擢为中大夫。"同时，司马光在《通鉴考异》中解释："今举孝廉在元光元年十一月，若对策在下五月，则不得云自仲舒发之，盖《武纪》误也。"同时，司马光还指出一个旁证，建元三年闽越、东瓯相攻，东瓯告急，汉武帝就派遣中大夫严（庄）助出兵救援，而庄助的对策和擢中大夫，和董仲舒对策并擢江都相是同时发生的事。

南宋人洪迈则坚持元光元年说，他认为，建元元年"对者百余人，帝独善庄助对，擢为中大夫。后六年，当元光元年（五月），复诏举贤良，于是董仲舒等出焉"。清人王先谦附和此说，并作补充说：董仲舒对策中有"夜郎、康居，殊方万里，说德归谊"之语，据《汉书·西南夷传》记载，夜郎之通，在建元六年发生，次年，也就是元光元年董仲舒对策时才可能说出夜郎归德的话。

此外，还有人提出元光元年二月说、建元五年说等，但千百年来，主要还是建元元年和元光元年五月两说相对峙，直至今日。

施丁同意并证明了元光元年之说，因为董仲舒对策中有“今临政而愿治，七十余岁矣”一语，汉自建立至建元元年并没有七十余年，而到元光元年，正好有七十二年了，十分精确。这一论断与《董仲舒传》中的“皆自仲舒发之”也不矛盾，因为“发”字在这里可以理解为发挥、发表议论的意思，况且，立学校之官即置经博士，也并不从建元元年始，早在文景之时就已经有了。更重要的是，《董仲舒传》中在“及仲舒对册”之前，还有“自武帝初立，魏其、武安侯为相而隆儒矣”之语，魏其侯窦婴为相自建元元年至建元二年，武安侯田蚡为相则是自建元六年六月开始。董仲舒对策是在两人为相之后，所以可以断定他的天人三策不会作于建元元年。

董仲舒（《三才图会》）

张大可则坚持建元元年说，他认为司马光的立论逻辑严密，论据也很坚实，推翻他的结论是不易的。从史实和两汉的举贤良制度上考察，可以证明这一点。从制度上看，汉武帝元光元年并没有举贤良，武帝一朝，正式诏举贤良只有建元元年和元光五年两次，第二次举贤良《武帝纪》系于元光元年五月，实是元光五年之误。从史实上看，武帝一朝举贤良名系列传的有董仲舒、冯唐、辕固生、严助、公孙弘等五人，据《史》《汉》两书的《儒林传》和各本传考察，此五人都在武帝即位的建元元年举贤良，其中公孙弘以不称职免，至元光五年再举贤良为举首。也就是说，从本传考察，没有任何一人在元光元年举贤良。再考《武帝纪》元光元年五月所载举贤良诏，与董仲舒天人三策中所载诏文不一致，而与公孙弘元光五年对策诏内容却是一致的。可见所谓元光元年五月诏举贤良，实际就是元光五年的那次举贤良。而董仲舒既然不是在第二次被举，那就应该是在第一次、也就是建元元年被举贤良的了。另外，董仲舒对策而为江都相事在建元元年，也是有直接的事实证据的。

“天人三策”作于何年本身并不重要，但它关系到董仲舒作为“罢黜百家，独尊儒术”的创始人地位，牵涉到对“天人三策”作恰如其分的评价，所以，是不能够让这个问题糊涂了千百年而继续再糊涂下去的。

汗血马之谜

看过《射雕英雄传》的人一定知道汗血马。郭靖在大草原练武的时候，见一匹赤红如血的小红马一次次闯进马群捣乱，弄得人仰马翻，牧民们却对它束手无策。老牧民还说，这是天上的龙变的，不可冒犯。而倔强的郭靖却使出浑身解数，驯服了这匹烈马。小红马脚力强健，日行千里，郭靖十分喜爱。一日，他驱马奔驰后，爱惜地为马抹汗，却见汗巾上一片血渍。他十分懊恼，责怪自己只顾赶路，毁了一匹好马，可奇怪的是，那匹马却精神抖擞，没有一点受伤的样子。他的师傅之一韩宝驹见状，惊喜地向他道贺，说他得到了一件上苍赐予的珍贵礼物——千年难得的汗血马。

汗血马并非金庸大师的杜撰，我国史籍中早就有此记录。最早记载汗血马的是《史记·大宛列传》："大宛在匈奴西南，在汉正西，去汉可万里……多善马。马汗血，其先天马子也。"《汉书·武帝本纪》

汉代马车（汉代画像石）

应劭注曰："大宛旧有天马种，蹋石汗血，汗从前肩髆出，如血，号一日千里。"张骞通西域归来，向汉武帝形容了大宛的这种宝马，有求仙之意的武帝羡慕不已，急欲得之，以便去会见西王母，就遣使者持千金赴大宛请得善马。不料大宛国王爱其宝马，又觉得本国远离中原，汉朝鞭长莫及，竟不肯与。武帝大怒，遣李广利将兵十八万，历经四年，攻破大宛，得汗血马而归。汉武帝还为此作了《太一之歌》："太一贡兮天马下，沾赤汗兮沫流赭。骋容与兮跇万里，今安匹兮龙为友。"意思是，只有天上的龙才可以与汗血马为友。

汗血马是天马吗？当然不是。《汉书·西域传》颜师古注引孟康曰："言大宛国有高山，其上有马不可得，因取五色母马置其下与集生驹，皆汗血，因号曰天马子云。"《通典·边防九》曰："颇犁（伊犁）山，南崖穴中有神马，国人每牧牝马于其侧，时产名驹，皆汗血马。"这就是说，汗血马实际上是野马和伊犁马交配而生的混血马。从汉代开始，西域人民就是用这种方法培育汗血马。汗血马长得高大威武，体壮强悍，奔走很快，许多边塞诗中都描绘了汗血马的风貌。李广利攻大宛，带回三千余匹大宛马和十数匹汗血马。大宛马使中原的蒙古种矮马获得了改良，而汗血马却不能繁育后代。中原人民才真正领悟到，汗血马是十分难得的珍贵名马。以其难得，更增添了它的神秘感，一次又一次地获得"天马"的美誉。

汗血马真的出血汗吗？也不见得。汉明帝刘庄曾将一匹汗血马送给东平王的苍阴太后，太后极其珍爱，精心饲养。她常见"血从前髆上小孔中出"，这大概就是汗血马得名的原因吧。但是，汗血马何以会出血汗？清代学者徐松曾被流放新疆，他来到伊犁对汗血马进行仔细观察后，在《清稗类钞·朝贡类二》中记：“(马)前肩及脊或有小疵，破则出血，土人谓之伤气，凡有此者，多健马，故古以为良马之征，非汗如血也。”马如出汗，必定是遍体皆有，而汗血马只有在“前髆”和“脊”才有血珠出现，说明这并不是“汗”。按照徐松的观点，汗血马疾驰如飞，在急剧运动后大汗淋漓，而血液循环特别急促的前肩和脊背上就会渗出血珠，这是血，不是汗，是汗血马在剧烈运动后的反映。

又据方豪《中西交通史》，汗血马的血是从比皮肤约长0.5毫

骏马图（汉代画像石）

米的细脉管中流出，这是因为马身上有一种寄生虫，名叫 Parafilaria multipapilosa，这种虫寄生于马之前肩膊与项背的皮下组织中。寄生处皮肤隆起，马疾走时，血管张大，寄生处之创口张开，血即流出。幼虫即栖息于流血处，生存繁衍。此说更证明了汗血马流的是血，不是汗。

神奇的汗血马通过正史、野史的记载，已经广为人知，但汗血马的真相还有待于进一步论证和揭示。

苏武自刺与急救的异说

西汉天汉元年（前100），苏武受汉武帝派遣出使匈奴。任务完成正欲返回时，其副使张胜陷入匈奴内部的一次谋反阴谋中，匈奴单于派卫律向汉使质询。苏武认为自己是一国之使，被拘留审讯是莫大的耻辱，即对左右说：“屈节辱命，虽生，何面目以归汉！”就“引佩刀自刺”。当然，苏武的自杀，没有成功，此后，他被拘于北海（今贝加尔湖）放羊，十九年持节不屈，直至始元六年（前81）才放归。

那么，匈奴人是怎样把苏武救活的呢？《汉书·李广苏建传》记载，苏武自刺后，“卫律惊，自抱持武，驰召医。凿地为坎，置煴火，覆武其上，蹈其背以出血。武气绝，半日复息”。显然，匈奴的医术还是很有独到之处的。

然而，有关苏武的自杀和被

● 苏武（《晚笑堂画传》）

救却引起了学界的一些争议。

争议之一是苏武究竟是“自刺”还是“自砍”？虽然，有关苏武“自刺”的记载是出自以用字谨严著称的《汉书》，历代注家也没有对此提出过异议。但是仍有人认为，从出土文物看，秦汉时期的佩刀尖端一般都有较大的弧度，适用于砍杀，不宜于刺杀。且佩刀的长度在三尺左右，自刺胸部是很困难的。再说，抢救时既然是“蹈其背”，也证明了伤口不是在胸口，当然也不是自刺。

此说遭到一部分学者的反对，他们认为，汉代起已有明确的佩刀制度，从刀鞘的装饰就可以看出官员职级。既然这种佩刀是挂在官袍之右的，应该不会太长。史书上记载，皇帝常以“尺八佩刀”赏赐臣子。杨泓在《古代兵器史话》中说：“洛阳西郊汉墓出土了铁刀二百零四把，但其中长度32.5厘米以上的仅占总数的四分之一。”还以图说明，汉代的佩刀是环首直刀。《后汉书·董卓传》记载一个叫伍孚的人谋杀董卓：“（孚）乃朝服怀佩刀以见。卓、孚语毕……孚因出刀刺之，不中。”这条史料说明，佩刀可置于怀，可见其短，用于刺人，足见非用于砍。三国时期，吴国有中大夫冯熙出使于魏，为了避免危身辱命，“引刀自刺，御者觉之，不得死”。后来孙权听说此事，“垂涕曰：‘此与苏武何异！’”可见，汉代的佩刀是可以自刺于胸的；又可见，当时人也认为苏武是自刺于胸的。

争议之二是苏武是伤在前胸还是伤在后背部？这个问题与上一问题是相关联的。如佩刀不能自刺，那么伤就可能在背。还有人认为，古人杀人习惯是砍颈（斩首），伤必在背颈部。再说，治疗时的“蹈其背”，也说明伤口在背部。

反对者认为，佩刀可以自刺，这已是不争之论。古代的斩首，是指杀别人，从来没有自行斩首的，试想，有谁在自杀时，会将手伸到背后，自砍背颈部的？至于“蹈其背”，恰恰说明伤口不在背部，刀伤伤口怎能忍受外力的直接作用呢？

争议之三最为纷杂，即“蹈其背”的“蹈”是何义？有人说“蹈”即“踩”，但细思量后就可知此说欠妥。因为当时苏武是面朝下覆于坎上，如果用力去“踩”他，岂不是要掉入坎中？再说，有严重刀伤的人也“踩”不得呀。有人说“蹈”应是“掐”字，误作“搯”，又假借为“蹈”，应是“叩击”“击打”之意。但是，且不说“掐”字能否训为“叩击”，即便可以，击打也会使伤口立即大出血，较多的人倾向于“蹈”是用脚踏蹂的意思。《说文解字》说：“蹈，践也。”《通俗文》说：“践谷曰蹂，古者践米之法与践禾异，践禾以足践之也，践蹂米以手重擦之。”从中医角度，可以解释为推拿、按摩等。中医推拿，向来就

苏武（《无双谱》）

有手法与脚法两种，古代医书《金匮要略》《脉经》等都有“肝着，其人常欲蹈其胸上”的记载。因此，“蹈其背”可以译为“用脚踏蹂他的背部”，当然也可以笼统地译为“揉按他的背部”。

那么，既然伤在胸，为什么要“蹈其背”呢？这是匈奴医术的高明之处。自刺于胸，必然通破内腔，使鲜血内漏，必须使其积血流出。按摩其背部，一方面止痛，一方面可以逼出内血，再辅以当时流行的热熏疗法，没有用药，就救活了苏武。孙红昺综合各种资料分析说，当时急救苏武的具体方法大致是：挖地为大坑，长与人相等，深七尺，横五尺，坑中放白羊屎十余石，烧羊屎保持有烟无焰的煴火，在坑上横放些木料，将苏武面向下置于横木上，使烟能熏到受伤处，同时在背部轻轻按摩以促进血液循环，使血液不致淤积胸腔内。这样，苏武虽已气绝，不久又恢复呼吸了。

● 持节人像
（汉代画像石）

● 佩剑人像
（汉代画像石）

苏武牧羊的故事曾经是家喻户晓，如果没有他的自刺，没有匈奴高明的医疗技术，苏武牧羊的事，也就不会存在了。

司马迁生卒年之疑

司马迁是西汉的著名史学家，他继承其父司马谈之职任太史令，人称太史公。司马迁所写的《史记》，堪称史学领域中的一座丰碑，而且还具有极高的文学价值，因而被誉为“史家之绝唱，无韵之离骚”。然而，这位中国文化史上的伟大人物，究竟生于何年，卒于何年，因史籍没有明确记载，至今仍是个谜。

司马迁（《三才图会》）

有人推断，司马迁应当生于汉武帝建元六年（前135），理由是司马贞《史记索隐》所引《博物志》有这样一段记载：“太史令茂陵显武里大夫司马迁，年二十八，三年六月乙卯除。”三年指元封三年（前108），这一年司马迁二十八岁，当上了太史令，据此推算，他的生年当在建元六年。但张守节《史记正义》却称太初元年（前104）时，司马迁“年四十二岁”。于是又有人根据张守节的说法推算，认为司马迁应当生于汉景帝中元五年（前 145）。两种歧见，恰好相差十年。因而有人推测，张守节《史记正义》的说法也本于《博物志》，而司马贞《史记索隐》在引述《博物志》时，可能将“年三十八”讹为“年二十八”。如果司马迁在元封三年时为三十八岁，至太初元年恰为四十二岁，正与张守节之说相合。但是，持前一种观点的人认为，《史记索隐》并无错讹，他们根据《汉书·司马迁传》中记载的司马迁的一句话“今仆不幸，蚤失二亲”，来否定后一种观点。理由是：司马谈卒于元封元年，依据张守节的说法推算，这一年司马迁已三十六岁，不能说“蚤失二亲”，只有推迟十年，即二十六岁时失去二亲，“蚤失”之说才能成立。然而，武帝建元六年说和景帝中元五年说，都只是推测，在找到更有力的证据以前，争论仍会继续下去。

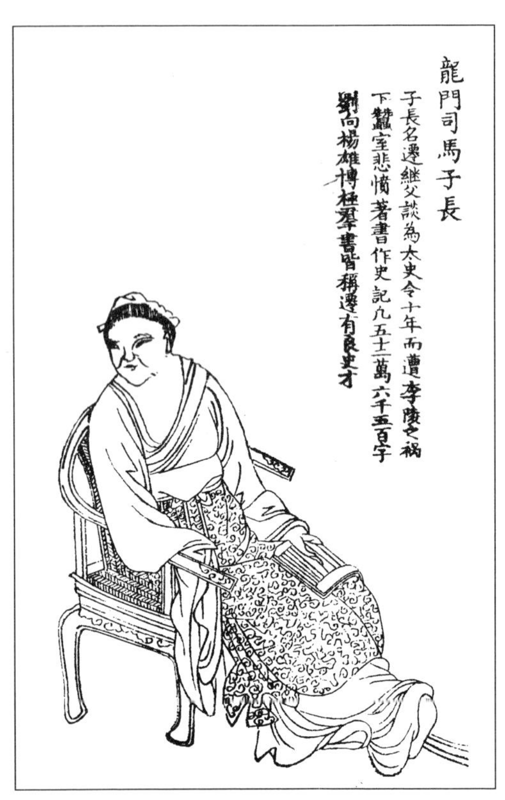

司马迁（《无双谱》）

司马迁的卒年更是扑朔迷离。司马迁因李陵之事得罪入狱，受腐刑后，任中书谒者令。有人依据武帝后元二年（前 87）郭穰已任内谒者令（中书谒者令的别称）的事实，认为此时司马迁“已去官”，或在此前已卒，由此推断司马迁的卒年当“与武帝相终始”。有人依据卫宏《汉旧仪》中“陵降匈奴，故下迁蚕室，有怨言，下狱死”这一记载，断定司马迁在太始四年（前93）十一月写下了《报任安书》，并因此而卒于这一年的年底。也有人考定司马迁“暴卒于汉武帝征和二年（前91）冬季”，死因是由于《太史公书》(《史记》和《报任安书》)“微文刺讥，贬损当世”，再度触动了汉武帝的逆鳞，故以大逆不道之罪被逮蒙难。还有人依据《史记·孝景本纪》与《史记·卫将军骠骑列传》中，出现“孝武皇帝”“武帝”的称谓，认为司马迁以谥号称刘彻，其卒年必定在刘彻死后。由此推定，司马迁应当卒于汉昭帝初，即始元元年（前86）。持这一观点的人还提出旁证：《史记·封禅书》末称“其后五年，复至泰山修封”。裴骃《史记集解》引徐广之语曰：“天汉三年。”《封禅书》又称：“其后十二岁而还，遍于五岳四渎矣。”从天汉三年（前98）至汉武帝卒年后元二年，恰为十二年。这表明《封禅书》所记尽汉武帝一生，据此司马迁应当卒于武帝之后。但诸说亦皆为推测，并无直接材料可证。

司马迁为何受腐刑

司马迁，字子长，西汉左冯翊夏阳（今陕西韩城南）人。他自幼酷爱祖国的文化，十岁能背诵古文，从青年时代起就开始到各地考察风俗，足迹遍及祖国南北。初仕郎中，汉元封三年（前108）继任父职为太史令。天汉二年（前99），正当他施展才华，全身心地投入撰写伟大的历史巨著——《史记》之时，却被汉武帝投入监狱，并处以腐刑，蒙受了奇耻大辱。那么，其受腐刑的原因是什么？目前说法颇多。

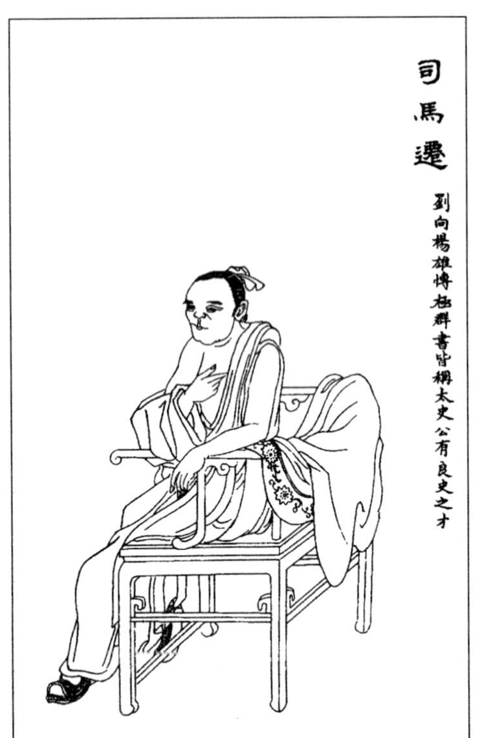

司马迁（《晚笑堂画传》）

一般认为，当时汉武帝派贰师将军李广利率三万骑兵出酒泉抗击匈奴，同时又派李陵率五千步兵，策应李广利。当李陵率兵深入匈奴后，却遇上匈奴的主力，尽管李陵带领将士奋力抗战，终因寡不敌众，被俘而降。消息传到长安，汉武帝十分恼火，满朝文武官员趋炎附势，附和汉武帝指责李陵的罪过。但是，司马迁却站出来替李陵辩解，这就冒犯了汉武帝的龙颜，由此被投入监狱，受了腐刑。

然而，对此说史家亦有不同看法。有的认为，司马迁遭受腐刑的原因主要有三,一是“沮贰师”，即诋毁汉武帝的宠臣李广利。二是“诬上”，司马迁极力为李陵的失败投降辩解，那么失败的责任在谁呢？显然是归咎于汉武帝。因为汉武帝给李陵的兵力太少，且又都是步兵。当李陵陷于困境时，又无得力的将领去接应，从而导致孤军无援，兵败而降。三是“为李陵游说”，即为李陵投降变节开脱罪责，甚至说好话。简言之，“诬上”是司马迁遭受腐刑的主要原因，“沮贰师”是借口，“为李陵游说”是导火线。

有的认为，司马迁受腐刑的原因，不只是“沮贰师”“诬上”或其他，还有汉武帝难以说出口的原因，这就是司马迁所写的《史记》。司马迁的《史记》，有许多进步的方面，如肯定秦王朝的历史功绩，同情在汉王朝残暴统治下爆发的农民起义，不为汉朝统治者歌功颂德。而且，司马迁撰写《史记》，具有“不虚美，不隐恶”，坚持真理，秉笔直书的精神，敢于揭露当时君主将相的种种隐私等，这些都是汉武帝以及他所宠信的将相所不能容忍的。裴骃《史记集解》在《史记·太史公自序》下注引卫宏《汉旧仪》云：“司马迁作《景帝本纪》，极言其短及武帝过，武帝怒而削去之。后坐举李陵，陵降匈奴，故下迁蚕室。”因此，李陵事件，只是汉武帝对司马迁进行迫害的一个借口而已。

还有的认为，司马迁受腐刑，是汉武帝的刚愎自用、事事独断的结果。武帝在位五十四年，先后任命丞相十三人、御史大夫十八人（其中四人升为丞相），这些丞相和御史大夫，或曲意逢迎，或恭谨保位，无人敢于犯颜直谏。司马迁为李陵辩解，本意是为了维护朝廷的利益，减少人们对朝廷调兵不当的指责。可是在盛怒之中的武帝，根本不体察司马迁的苦心，不等他把话说完，就将他下狱治罪，处以重刑。司马迁在入狱六年后写的《报任安书》中，也认为此事是武帝处事不周所致。另外，司马迁受腐刑与汉武帝的变态性格有关。汉武帝晚年，乖张暴戾，听不得一点不顺耳的话，动辄就对大臣加罪，他先后任用的十三位丞相，就有六人因不太大的过失被杀或被迫自杀。所以，武帝对司马迁为李陵辩护的行为不加宽容，也就不奇怪了。

王昭君之谜

王昭君是我国古代著名的“四大美女”之一。她的事迹，在《汉书》《后汉书》等正史中都有记载，又随着各种民间文艺、野史小说的传播而家喻户晓、妇孺皆知。然而，离奇的遭遇，使她留给后世不少悬而未决的问题。

首先，王昭君的名字就是个谜。传统的观点是：王昭君，姓王，名嫱，字昭君，后人因避晋文帝司马昭讳，改称明君或明妃。但有人提出异议，认为王昭君姓王，名、字不详。根据西汉宫廷规矩，宫女从入宫之日起，即不呼其娘家名字，因而不详其本来名氏字号，王昭君也不例外。《汉书·元帝纪》第一次提到“王樯”时，这“樯”字仅与其被征选入宫时的某种特征相联系，即她是位船只载运而来的王姓姑娘。后来《匈奴传》又称“王墙”，都不是昭君的本名，

● [清] 吴友如《王嫱》

宋人《明妃出塞图》

只不过是一个记音义的符号。《后汉书·南匈奴传》改为“王嫱”，才使其名统一起来。“昭君”两字为封号，非官号，因出塞前夕，必须提高她的政治地位，才能达到和亲的目的，于是赐封为“昭君”。久而久之，昭君、王嫱这些标志她政治身份或出身特征的称呼，被当成她的名字。此说虽言之成理，但仍有不少人坚持旧说。

其次，昭君故里也是个谜。《汉书》《后汉书》载其籍贯为“南郡秭归”，即今湖北秭归。有人根据文献资料和实地调查，认为王昭君是四川人，为土家族女子。主要理由是：一、从四川入京要走水路，王昭君入宫时以“王樯”呼之，这“樯”字就是载运她离开家乡所用的舟楫。二、王昭君入宫之后，不愿巧言佞色，献媚邀宠，更不愿贿画师以求进幸。而当匈奴单于求婚时，她自愿和亲。入匈奴后，随俗先后作两代单于之妻，生儿育女。这种刚强不屈的性格，正是土家族民族特性的反映，而对当时受封建束缚较深的汉族女子来说，是不易办到的。三、王昭君家乡一带为“百蛮”“百夷”杂居之地，女多男少，她对女子难嫁的情况有深刻印象，故她和番时，“靓妆”请行，唯恐不被选中，并无“下嫁”“鄙嫁”之意，反而把嫁于匈奴单于当作美事。这也说明她和汉族女子的意识有所区别。然而，王昭君真是四川人吗？至今尚难定论。

再次，昭君出塞的原因，又是众说纷纭的话题。较为普遍的看法是，昭君自恃容貌出众，不屑于买通画工毛延寿，结果画像被丑化。当时，汉元帝召幸宫女，以画像的美丑作为选择的标准，昭君因此失宠。久之，渐生苦守掖庭之怨，恰巧匈奴前来求亲联姻，她便主动请求出塞和亲。一说王昭君之所以出塞，是画工毛延寿设下的救国计策。因昭君貌美非凡，毛延寿唯恐已经沉恋于女色的汉元帝更不能自拔而误国，于是在画昭君肖像时，有意进行丑化。结果，汉元帝果然弃她而将其远嫁匈奴。还有一说认为，王昭君是一个平民出身的不同凡俗、胆识过人的宫女，为了摆脱宫廷牢笼的束缚，也为了汉匈两族世代团结友好，自愿应召，作为“和亲使者”远嫁匈奴。

还有人提出了一个十分有趣的问题，对“四大美女”之称表示怀疑。认为，中国几千年的文明史中，容貌出众的美女何止成千上万，为什么单单举出这四位来大加渲染、表彰？这四人在相貌上并非十全十美，为什么美于她们者反而不能列入“× 大美女”之列？结论是：“四大美女”是“四大才女”的讹称。这四位女性，在中国历史上都起过举足轻重的作用。她们聪明机智，胆大心细，具有侠肝义胆，凭借着超人的美貌，周旋于帝王、显贵之侧，往往在关键时刻，发挥不可小觑的作用。因此，与其说是美女，还不如说是才女更为确切。

甘露究竟为何物

甘露，顾名思义，应是甜美的露水。在封建社会中，人们将甘露视为神物，看作祥瑞，“天下升平，则天降甘露”。《论衡·是应》曰：“儒者论太平瑞应，皆言气物卓异，朱草、醴泉、翔凤（风）、甘露、景星、嘉禾、萐脯、蓂荚、屈轶之属。”因此，凡有“甘露”出现，正史中常常会煞有介事地记上一笔，如《汉书·宣帝纪》：“元康元年……甘露降未央宫。”不仅如此，封建帝王们一听到天降甘露，就喜滋滋地更改年号，以甘露命名。历史上有甘露年号的就有汉宣帝（前53—前50）、魏高贵乡公（256—260）、吴末帝（265—266）、前秦苻坚（359—364）、辽东丹王耶律倍（926—936）等。

甘露，“其凝如脂，其甘如饴”，被人当作是一种延年益寿的圣药、神浆，封建帝王往往梦寐求之。为了祈祷甘露下降，还不惜大兴土木。如汉文帝曾在长安城外的建章宫内建造了一座高二十丈、大七围的承露盘。清乾隆皇帝也曾造过一座铜仙承露盘：一尊铜仙塑像，立于4米多高的石柱之上，手托铜盘，祈求上天赐露。至今，这座承露盘还保存在北京。

但是，甘露究竟是何物？苏东坡在《物类相感志》中说：“此露天降，着草木上，如饴糖。”但是，如果仅仅是普通的露水，又怎么会

“其凝如脂，其甘如饴”？有学者提出一个大胆的推测：

有一种附生在草木枝叶上的小虫叫蚜虫，这是蚜虫科昆虫的统称，目前全世界发现的蚜虫种类已达两千多种。蚜虫体小，有尖细的刺吸式口器，以其刺进植物组织内部，不停地吮吸植物体内的浆液，使植物发生卷叶病、墨霉病等，严重时能使植物大面积枯死，造成灾害。因此世界各国都将蚜虫视为庄稼的大敌。

蚜虫吸取植物的汁液，经过消化系统的作用，吸收了其中的蛋白质和糖分，然后把多余的糖分和水分排泄出来，洒落在植物的枝叶上，往往显得“其凝如脂”或“皎莹如雪”，这就是世人眼中的“甘露”。

蚜虫排泄的“甘露”俗称“蚜蜜”，据化学分析，它含有较多的转化糖、甘蔗糖、松子糖等，其中碳水化合物占70%左右，糊精占20%以上，蛋白质占3%，符合“甘如饴，凝如脂”的标准。它的确是一味中药，有一定的滋补作用，但还不至于成为包治百病、延年益寿的“圣药”。相反，蚜蜜有一定的危害作用，它会诱发菌类，使植物发生各种病害；还会招致昆虫聚舐食之，以致糟蹋庄稼的茎叶，造成庄稼的歉收。

其实，明代学者杜镐早已揭穿“甘露”的真相。他说：“此多虫之所，叶下必多露，味甘，乃是虫之尿也。”

可笑的是，那些应有尽有的封建帝王们，享尽了人间的荣华富贵，还硬要违背自然规律，追求“八百年之长寿”。到头来，却将蚜虫自肛门排出的一泡屎尿，当作天赐神物，甘之如饴。在那愚昧当圣明的时代里，类似荒唐的事情，不知还有几多呢！

汉少帝刘弘“非刘氏子”吗

西汉惠帝之后、文帝之前，曾有两个少帝。当时，吕后一手遮天，两少帝虽有“帝”之称号，却倍受命运播弄。

《史记·吕太后本纪》曰：“宣平侯女为孝惠皇后时，无子，详为有身，取美人子名之，杀其母，立所名子为太子。孝惠崩，太子立为帝。帝壮，或闻其母死，非真皇后子，乃出言曰：‘后安能杀吾母而名我？我未壮，壮即为变。’太后闻而患之，恐其为乱，乃幽之永巷中，言帝病甚，左右莫得见。太后曰：‘……今皇帝病久不已，乃失惑惛乱，不能继嗣奉宗庙祭祀，不可属天下，其代之。’……帝废位，太后幽杀之。五月丙辰，立常山王义为帝，更名为弘。不称元年者，以太后制天下事也。”

那么，此常山王义又是何许人也？太史公也有记载：“太后欲王吕氏，先立孝惠后宫子彊为淮阳王，子不疑为常山王，子山为襄城侯，子朝为轵侯，子武为壶关侯……二年，常山王薨，以其弟襄城侯山为常山王，更名义。”可知，少帝刘弘应是惠帝“后宫子”。

但是，当吕后病逝，功臣集团就与刘氏宗室联手剪灭了吕氏外戚集团，并宣称少帝刘弘“非刘氏子”而将他废黜，继而杀之，改立文帝刘恒。这就给历史留下一个疑案：少帝刘弘是不是刘氏后裔？

● 吕后

所谓“取美人子名之”即将此子记名于皇后名下，但是《史记正义》引刘伯庄云：“诸美人元幸吕氏，怀身而入宫生子。”刘伯庄之言依据是什么不得而知，但如果真有其事的话，那么，刘弘就果真不是刘氏之子了。就此，学者陈玉屏作了一番探索：

首先，司马迁从未说过惠帝无子，他虽然一再提到皇后无子，但皇后无子不等于惠帝无子，后宫之子同样是“刘氏之子”。如果少帝等诸王真是吕氏之子，那么很能证明文帝得位之正，太史公根本没有必要讳言此事的。从情理上推断，惠帝虽然颓废不才，但也不会容忍后宫女子带着身孕入宫，还一再让这些来历不明的孩子充当皇子，进而堂而皇之地夺走刘氏天下。从伦理上讲，中国自周代以来就已经禁止同姓相婚，而吕后在临终遗诏中还决定以吕禄之女为少帝妻。如果少帝弘真是吕氏血脉，吕后岂能做出这种乱伦的决定？因此，吕后虽然很希望自己的外孙女能生出正宗的皇室继承人来（孝惠皇后之母乃吕后长女），为此东宫曾长期虚位以待。但到了实在无望的时候，也不得不取后宫美人之子而代之。所以，是皇后无子，而不是惠帝无子，这一点，太史公是十分肯定的。

其次，在功臣们发难之前，从未有人言及少帝非刘氏之子。汉初的功臣大多居朝堂要职，耳目众多，信息灵通。如果后宫发生了如刘伯庄所说的李代桃僵之事，功臣们不会毫无察觉。功臣是刘氏政权的功臣，一旦江山易姓，对功臣是极其不利的，因此如所立后宫子非刘氏，功臣是不会等闲视之，直到吕后死后才提出异议的。《史记·吕太后本纪》记载这样一件事：惠帝死后发丧，“太后哭，泣不下。留侯子张辟彊为侍中，年十五，谓丞相曰：‘太后独有孝惠，今崩，哭不悲，君知其解乎？’丞相曰：‘何解？’辟彊曰：‘帝毋壮子，太后畏君等。君今请拜吕台、吕产、吕禄为将……如此则太后心安，君等幸得脱祸矣。’丞相乃如辟彊计”。这段史料说明惠帝不是无子，而是没有壮子，这一事实功臣是十分清楚的。还有一例也可佐证：高祖长孙齐王刘襄对吕氏恨之入骨，吕后一死，即起兵讨伐诸吕，但他在檄文中反复声讨吕氏“擅废帝更立，又比杀三赵王”“劫列侯忠臣，矫制以令天下”，而对少帝只是说“春秋富，未能治天下”。试想，如果少帝是以吕氏之子代刘篡位，这是神人共愤的滔天大罪，也是齐王刘襄讨伐吕氏的最好理由，甚至还是他问津帝座的极佳条件，岂有不加利用之理？但是刘襄却无片言只语没有涉及，这只能说明刘襄及其他诸侯并不认为少帝非刘氏子。此外，在与外戚集团斗争的整个过程中，功臣中的一些关键人物始终以少帝为虑。如陈平就对陆贾坦言“然有忧念，不过患诸吕、少主耳”；齐王起兵时，灌婴担心在京的少帝和诸王的安全，劝齐王暂缓行动，以待吕氏之变；在剪除诸吕最紧要的关头，政变的首脑人物太尉周勃还遣干将“急入宫卫帝”。这些，都可以说明这些功臣并没有认为少帝非刘氏之子。

其三，少帝非刘氏之子，是功臣们强加的罪名，而这一举动有着复杂的政治原因。平定诸吕后，诸大臣相与阴谋曰："少帝及梁、淮阳、常山王皆非真孝惠子也，吕后以计诈名他人子，杀其母，养后宫，令孝惠子之，立以为后，及诸王，以强吕氏。今皆已夷灭诸吕，而置所立，即长用事，吾属无类矣。不如视诸王最贤者立之。"在剪灭诸吕之前，功臣集团中的核心人物都没有否认少帝是刘氏子，为什么诸吕一旦覆灭，大家就立即改口了呢？其中自有原因可寻：第一，少帝母系虽不属于吕氏，但吕后毕竟是他嫡亲祖母，他既是吕氏所立，与诸吕的关系相对会密切一些。诸吕遭灭绝，很难保少帝年长后不会追究此事，此即功臣们所担心的"即长用事，吾属无类矣"。不如趁大权在握之际，将帝系转至刘邦其他嫔妃的子孙，这才是确保无虞的万全之策。第二，功臣们另立藩王为帝，被拥立者必然心存感激，功臣的地位可以更加巩固。第三，废君乃非常之举，必须有充分的理由，不然不足以服天下。少帝年幼，无失德之举，找不到其他可以行废立的理由，只能诬其非刘氏子，方可杜天下人之口。正好孝惠皇后曾搞过杀母名子的勾当，在此基础上捏造说少帝非刘氏子，足可混淆视听。

功臣们最终选定了国中无实力、朝中无党援、长期安分守己、与世无争的代王刘恒来居天子位。他们"阴"召代王，等他到达长安后即行除宫更立，速战速决，以造成既成事实。如此仓促且不敢光明正大地迎立新君，其中一个重要原因就是因为功臣们心知诬少帝非刘氏子的说法经不起推敲，恐早早泄露会节外生枝。事实上，直至请少帝出宫时，尚有左右卫士不肯放下武器者；代王进入未央宫时，仍有

“谒者十人持戟卫端门，曰：‘天子在也，足下何为者而入?’”这些不肯释兵离去的人恐怕不是在顽固地维护吕氏集团余孽，而是在抵制功臣集团以莫须有的罪名废刘氏少帝的举动。

如果少帝确系惠帝子而功臣却诛杀之（还诛杀了其他诸王），这可算是天字第一号大逆案，但是由于剪除吕氏集团的举动为后人肯定，文帝刘恒又是历史上有名的明君，所以一直没有人对功臣们黜杀少帝的理由提出怀疑。司马迁或许意识到了，但他处于文帝嫡孙汉武帝执政的时代，无法揭示这高度敏感的问题，于是只能在字里行间闪烁其词，而将事情的真相留给后人自己去揣摩、去思考了。

骊靬城的降人是罗马战俘吗

公元前2世纪，欧洲的罗马帝国开始走向巅峰时期，依仗其强大的军队和国力，不断发兵对外征战，掠取了大量的土地和财富，所谓“条条大路通罗马”的世界地位，就是在这一时期确立的。公元前60年，罗马帝国由著名的恺撒、庞培和克拉苏共同执政，他们经过协调，瓜分了权力，开始了新一轮对外用兵。其中克拉苏的目标是帕提亚，即中国古书上的安息，今日的伊朗一带。

公元前54年冬，克拉苏大军渡过幼发拉底河，占领了美索不达米亚平原的各个要塞，一路追击步步后撤的帕提亚军队，次年5月，已杀到了帕提亚纵深处的卡莱，名垂青史。被斯大林称为“战争史上的经典”的卡莱大血战就在这里打响了。帕提亚骑兵将罗马军诱入荒无人烟的叙利亚草原深处，然后突然掉转马头，万箭齐发，随即勇猛地向罗马军冲去。训练有素的罗马军迅速后退，但已为时太晚，早已埋伏好的另一支帕提亚军队如从天而降，使罗马军顿时陷入绝境。第一军团军团长、克拉苏的长子普布利乌斯临危受命，组成了以第一军团为主的混合军团六千余人，准备杀出一条血路保护克拉苏突出重围。结果突围部队大部分冲出了包围圈，但克拉苏依然当了俘虏，后来被帕提亚国王用熔化的金汁灌入喉咙烧死。

三十三年后的公元前20年，罗马帝国与帕提亚言和，要求遣返卡莱战役中被俘的罗马军人。一批又一批，所有的战俘都回来了，但是其中没有普布利乌斯，也没有一个当年杀出重围的将士。这支最后的罗马军团就这样消失在茫茫的叙利亚草原上，消失在历史的记载中。

奇妙的是，几乎与此同时，在中国西部的版图上，出现了一个新的县名——骊靬。骊靬和大秦一样，是古代中国人对罗马帝国的称呼，唐代颜师古在为《汉书》作注时说："犛靬，即大秦国也，张掖骊靬县，盖取此国为名耳。骊、犛声相近。"在汉代的版图上，有三个城市是借用外国的国名命名的，即库车、温宿和骊靬。库车和温宿都是因为那两个国家的移民而得名，以此推断，骊靬的出现，也应与罗马人在当地的出现并集居有关。对此，清朝康熙年间的大学者惠栋为《后汉书》作注时，在骊靬县后面就直截了当地加了一条注语："本以骊靬降人置。""骊靬降人"，也就是"罗马降人"，在公元前20年的中国，哪来罗马"降人"呢？

让我们再来看看另一条线索：公元前54年，历经兼并战争之后，匈奴呼韩邪单于南下归降汉朝，史称南单于。其兄郅支单于因屡次杀汉朝使者，不敢与汉交锋，转向西面的中亚方向退去。当他们来到康居国边境时，只剩三千余人。康居国王就借了一支外来军队给郅支单于，并把他安置在东面边境，目的是借助郅支单于的力量与相邻的乌孙国抗衡。已是残兵败将的郅支单于得到这支军队后，突然又强悍起来，他们在西域的不断扩张，严重威胁了汉朝西域各属国的安全。于是，公元前 36 年，汉王朝集结在西部屯田的官兵以及西域十五个属国的兵马，分兵两路，攻打郅支单于。班固《汉书》是这样描述当时情况的：郅支城“土城外有重木城”拱卫，“又出百余骑往来驰城下，步兵百余人夹门鱼鳞阵，讲习用兵”。这当中有几个奇特现象引起了人们的注意。

其一是“步兵百余人夹门鱼鳞阵”。匈奴是游牧民族，军队几乎没有步兵，也没有步兵战术，更没有“夹门鱼鳞阵”这样复杂而高级的步兵作战样式。但这种“用圆形盾牌连成鱼鳞状的阵式”，恰恰是古罗马军队特有的作战方式。其二是土城外“筑重城”。这种守卫城池的方式，也正是罗马城邦兴起后特有的城防办法。其三是郅支城本身。匈奴一向以野战骑战为长，素以守城为累。当他们从康居借了一支军队后，居然就像模像样地筑起了郅支城，而筑城对于城邦国家的罗马人来说，是再顺当不过的事情。此外，郅支城之战匈奴军队中还出现一些异样现象，显示出这支军队中有不少完全不同于匈奴的军人，而这些人带有典型的罗马军人风格。

在很长的历史阶段中，并没有人将中国出现骊靬城以及出现那支奇异军队的情况与罗马军团的失踪联系起来，直到 1947 年，英国汉学家德效骞在论文《中国古代之骊靬城》中，首先提出了郦靬设县与罗马军团之间关系，当时国民政府的中央研究院曾准备着手研究，结果不了了之。1988 年，澳大利亚学者戴维·哈利斯对此产生了浓厚的兴趣，他来到中国，争取到在兰州大学讲学的机会，与西北民族学院的关意权、兰州大学陈正义和苏联学者瓦西尼金等人合作，亲往位于永昌县的骊靬遗址作实地考察，正式提出了永昌境内的骊靬遗址是罗马军团溃军安置地的观点，引起了世界媒体的关注。此后，学者们又不断提出新的论据：

永昌境内有许多人带有欧洲人的神韵，金发红肤，深凹的眼圈，高高的颧骨，与汉族人迥然有别。

在永昌县的者来寨有一段土墙，与附近汉代番和城的城墙极其相似，都是板筑土夯，每层夯土层厚15厘米，可见同是汉朝建筑。附近农民曾发现一根丈余长奇特的粗大圆木，四周嵌有尺余长的木杆，这可能是筑“重木城”时留下的东西。

永昌民间至今流传被称作“疯牛扎杆杆”“抵牛”的斗牛习俗，这可能是古罗马斗牛遗风。

以德效骞和哈利斯为代表的观点掀起了一轮“骊靬与罗马战俘热”。但是，也有不少学者对此提出质疑，较有代表性的意见是：

一、史书中记载的西汉“骊靬”与罗马国无关，“骊靬”一词最早是由张骞传入中国的，但司马迁《史记》中记载的“黎靬”指的是由塞琉古和托勒密王国控制的地中海东部地区；班固《汉书》记载这一地名时还不知道世界上有一个大秦国。中国人最早知道大秦的是班超，而最早将大秦与骊靬联系起来的是三国时鱼豢的《魏略·西戎传》。之所以出现这种变化，是因为此时罗马已征服了塞琉古和托勒密，大秦和黎靬趋于一致。因此，《史记》《汉书》中的黎靬、骊靬是一回事，而《魏略》乃至以后的《后汉书》《后汉纪》所说的骊靬是另一回事，前者与罗马是联系不起来的。

二、“重木城”非罗马城防工事所独有的，内外城结构中国早已有之，当时的外城叫“郭”，内城叫“城”。而用木造城在中亚和印度随处可见，倒是罗马人并没有修建木城的习惯。

三、“鱼鳞阵”也非罗马独有，中国用这种队形比罗马还早，《左传》里就有“鱼丽之阵”的记载，后来霍去病也用过此阵。实际上罗马人惯用的是“乌龟阵”（Testudo），是进攻和攻城时战士并肩前进，将盾牌高举过顶，防御敌方矢石的一种队形，这与《汉书》描绘的依次排列守城门的情况完全不同。

四、永昌县的那个废城墟，据考古学家判断，城围很小，门也很小，不像汉城，因为河西汉城的规模都比较大。从夯土中找到不少明清的黑瓷片，因此可以断定此城不会早于明清。至于找到极少的几片汉代灰陶碎片，这可以视作是别处转移而来的，因为附近有汉墓。还有一些所谓的罗马军锅、水壶，则是讹传，这些物品是河西居民常用的器具，与罗马军队无关。

五、当地人黄发、高鼻、深眼窝等特征，并不是罗马后裔所特有的，古代河西少数民族很多，杂婚混血现象是很普通的。再说，永昌县位于古丝绸之路上，罗马人出于贸易的需要，早在两汉时期就通过丝绸之路达到中国的洛阳，因此当地一些村民长得像欧洲人不足为奇。

总之，一部分意见认为，最后的罗马军团在西方的历史中消失了，又在东方的文明中获得了再生。而另一部分意见却认为，“骊靬与罗马战俘说”缺乏事实和史料依据，不足为信！现世有人类学家提出，可以用高科技来破解这一千古之谜，DNA 技术不仅可以对当地考古发掘的二千年来的人骨作出比较分析，对当地居民进行血样的分析，还可以测定当地人有没有欧罗巴人的血缘关系，测定他们是欧罗巴人的哪一支！如此，中国罗马城之谜破解的日子或许已经不太遥远了。

“传国玺”之谜

“玺”字，总给人以高高在上的感觉，因为它是天子印信的专称。而事实上，在秦以前，民皆可以用玺，蔡邕《独断》曰：“玺者，印也，印者，信也……古者尊卑共之。”卫宏《汉旧仪》也说：“秦以前民皆佩绶，金、玉、银、铜、犀、象为方寸玺，各服所好。”但秦之后，只有皇帝印才称玺，又独以玉，于是臣民就再也不敢用玉玺了。

天子共有六玺，章文不同，用途也不同：皇帝行玺，拜诸侯王及三公时用；皇帝之玺，赐诸侯及三公书用之；皇帝信玺，征发天下兵用之；天子行玺，诏大臣用之；天子之玺，策拜外国事用之；天子信玺，祭祀天地鬼神用之。此六玺是皇帝权力的象征，诏令文书只有盖上皇帝“玺封”才能生效。但是，六玺之外，还有一方“传国玺”，相传是用著名的“和氏之璧”雕成，由丞相李斯以大篆书文，玉工孙寿镂刻。玺方四寸，上镌五龙交纽，下刻小篆“受命于天，既寿永昌”八字。此玺被视为社稷的象征，是“镇国之器”，得此玺即为天命所归，失之者则意味着气数已尽。因此，拥有传国玺一直是历代统治者梦寐以求的事。

秦二世而亡，传国玺由秦子婴献给沛公刘邦，刘邦建立汉王朝后，号曰“汉传国玺”。西汉末，王莽篡位，逼迫孝元太后交出玉玺。太后怒不可遏，以玺掷地，摔去一角，王莽即命人以黄金镶嵌，但已无法做到天衣无缝，传国玺自此残缺。东汉末，十常侍作乱，袁绍杀入京师。宦官张让挟持少帝刘辩出逃，慌乱中未及携带传国玺，后为孙坚得之。袁术密谋僭位的时候，拘孙坚夫人而夺玺，遂称帝。三国鼎立时，玺归魏所有，以后先后归于西晋、前赵、后赵、冉魏。东晋南渡后四十年没有传国玺在手，被北人讥为“白板天子”，一朝获得，百僚毕贺。后又经宋、齐、梁、陈（一说梁侯景之乱后传入北齐、北周），由隋至唐。五代时，传国玺失踪，以至于赵匡胤黄袍加身时仅获得后周的两方国玺，传国玺流落何处，遂成千古之谜。

其实，有关传国玺，还有诸多具体的谜，张东光对此作了一番概括。

其一，玺料。传国玺究竟是什么玉制成的?《晋书·舆服志》、唐徐令信《玉玺谱》等皆记曰，传国玺是秦始皇采蓝田玉为之。但宋郑文宝《传国玺谱》、王应麟《玉海》以及元末明初陶宗仪《辍耕录》等又说是和氏之璧所制。和氏之璧原本是无价之宝，又有蔺相如完璧归赵等美谈，自然更增添了传国玺的价值与神秘。史书记载传国玺“色绿如蓝，温润而泽”，但到底是蓝田玉还是和氏璧？已茫无佐证。

受命于天，既寿永昌
篆刻　郑英旻

其二，玺文。传国玺面刻的八字，历来众说纷纭。应劭《汉官仪》说是“受命于天，既寿且康”；韦昭《吴书》记曰“受命于天，既寿永昌”；《晋书·舆服志》说是“受命之天，皇帝寿昌”;《晋阳秋》则认为是“昊天之命,皇帝寿昌”。至于后世对玺文的考证就更多了,林林总总,皆不能令人满意。于是,玺文究竟是什么,又难以确证。

其三,玺缺。王莽逼迫孝元太后交玺,太后怒而掷地。韦昭《吴书》说孙坚获得的玺“龙上一角缺”,即为元后掷地所致。徐令信《玉玺谱》也说元后掷地使螭兽角缺一,后世多沿此说。但《汉书·元后传》《资治通鉴》等都只说元后掷地而不言缺角,因而也没有王莽补镶之事。传国玺究竟是不是“金镶玉玺”,又成为无从求证的事。

其四,玺传。传国玺的流传,有多种说法,头绪极其杂乱。一、传国玺在东汉末之前的流传是比较可靠的,此后,孙坚军进驻洛阳,其部下见甄宫井中有五色气,遂浚井得玺。此说已显离奇,因此南宋时李心传就已认为曹魏时所得的传国玺不是真玺。二、后赵石氏曾先后有两玺,一玺后献给东晋,另一玺献给前燕。两玺中有无真正的传国玺?若有,哪一玺为真?三、东晋先后有三玺,一得自冉闵,一得自西燕,一得自后秦。此三玺刻自何时,如何缘起,其中有无传国玺等,这都是未解之谜。四、北朝有三玺,其中二枚是在北魏太武帝时邺城佛像中所得,另一枚是北齐文宣帝时在广陵(今江苏扬州西北)所获。三玺虽都号称传国玺,孰真孰假?或全是冒牌货?不得而知。五、综上所述,南北朝时至少有五玺号称传国玺,这些玺都归于隋。隋用于传国的有两玺,一得自北齐,一得自陈。隋亡,两玺均失。后或云由窦建德之妻献于唐,或说为隋炀帝萧后献于唐,究竟是谁人所献?哪一枚是真的?仍然无从知晓。

其五，传国玺的再现。传国玺据说是在五代时被后唐废帝焚于火，但其后经常有再现的消息。北宋哲宗时咸阳农民掘地得玺，献于朝廷，被确认为秦之传国玺，群臣上寿称贺，还为之改元为“元符”。到徽宗时又因此玺螭角不缺，疑为赝品，弃而不用。元至元时，名将木华黎的后人家贫无所依，卖玺谋生。经考证，断定此玺为传国玺云云。但经沈德符《秦玺始末》、赵翼《陔余丛考》论证，该玺非秦玺，似也成定案。此外，在金、明、清各朝都有秦玺再现的传说，以至于清末帝溥仪被逐出宫门时，还有人在追索这方“传国之宝”。传国玺曾被作为断定政权正闰的标准，在君主制度下，其重要意义自不待言，而这一作用早已随着社会的变迁而变得无关紧要。但作为我国历史上第一枚传国玺，由它所引起的种种纠葛对历史进程产生了一定的影响，因此，弄清其来龙去脉，还是很有必要的。

豆腐究竟起源于何时

豆腐是我国人民生活中的主要传统食品之一。因其营养丰富，价格低廉，深受大众喜爱。为此，人们对豆腐创制的时间也颇感兴趣，但至今仍说法不一。

南宋的朱熹曾写有八首素食诗，其中一首是专咏豆腐的。他自己对该诗注释说："世传豆腐本乃淮南王术。"后来明代的李时珍在《本草纲目》中也说："豆腐之法，始于汉淮南王刘安。"以此看，豆腐似乎是起源于西汉淮南王刘安（约前179—前122）时。但是，由淮南王刘安等撰写的《淮南子》一书中，却没有"豆腐"及其别称"黎祁""来其"的记载，而且在唐代以前的文献资料中，也不见有"豆腐"一词。因此，说豆腐源于西汉淮南王刘安时是值得怀疑的。另外，有人根据宋代寇宗奭的《本草衍义》记载："生大豆……又可硙为腐，食之。"认为宋代已有豆腐，并推测发明年代是在五代时期。也有人以五代末、北宋初人陶穀的《清异录》所载："时戢为青阳丞，洁己勤民，肉味不给，日市豆腐数个，邑人呼豆腐为小宰羊。"认为早在唐代中期就有豆腐生产，并已在市场上出售了。这些说法均以文献资料为依据，有一定的可靠性。

但是考古资料为一些学者提供了新的证据。1959—1960年间，考古工作者在河南密县（今新密东南）打虎亭村发掘两座汉墓。一号墓东耳室的画像石上，描绘有庖厨的场面，其中有一组图像被认为是豆腐作坊图。该墓的年代为东汉晚期，说明在公元 2 世纪，豆腐生产已在中原地区普及，所以才在汉墓的画像石上表现出来。它距西汉淮南王刘安的时代，虽晚三百年左右，但考虑到豆腐生产工艺并不太复杂，而大豆早在战国时代已普遍种植，成为主粮之一，生产豆腐的最重要工具石磨，在西汉也已普及。这样，豆腐虽不一定是由刘安发明，但生产始于西汉却完全有可能。此外，1968 年在河北满城中山王刘胜墓内发现附有特大青铜漏斗和承接容器的花岗石磨。这被一些学者认为是迄今所发现的最早水磨，是用于磨麦浆、米浆、豆浆之类食物的。刘胜死于武帝元鼎四年（前 113），晚于刘安十来年。由此推测，在淮南王时代确已有豆腐，结合打虎亭一号汉墓中的画像石资料，豆腐创始于汉代是可以肯定的。

我国种植番茄始于何时

番茄，俗称西红柿，是广受人们喜爱的蔬菜之一，目前我国各地普遍种植。关于我国种植番茄的时间，多年来一直认为是在 18 世纪初从美洲传来的。当时称之为“蕃柿”，仅供观赏用。到 19 世纪中叶后，才开始作为蔬菜种植。

1983 年 7 月，考古工作者在四川成都北门外凤凰山发掘清理一座西汉武帝初年的木椁墓后，对流传多年的观点提出疑问。考古工作者在该墓的椁室下层的底厢中，清理出四个藤笥、五个竹笥，里面均装有大量粮食种子。因当时正值夏季，在运输过程中，为防止藤笥、竹笥干裂，在上面覆盖了湿的再生布。后在藤笥、竹笥上的粮食中长出不少嫩芽，经有关专家鉴定，是番茄的幼苗。将幼苗进行培植，到 1984 年 2 月，结出不少红红的番茄。这是西汉时期的番茄！也就是说，我国在西汉时期已种植番茄了。这些番茄均呈卵圆形，极耐寒冷，生长期长，一年四季都可生长。其味道与现今的番茄相似，均为甜中带酸。但是，经质子激发 X 射线测定，现今的番茄含有磷、氯成分而无砷、汞元素，西汉的番茄则含有砷、汞而无磷、氯，具有很强的原始性。

西汉的番茄发现后，也有不少人持怀疑态度，提出种种问题。如这些番茄种是否由后代盗墓者带入？会不会是在发掘或者运输过程中混入的？为什么在同一墓中发现的桃子、板栗、稻子等种子均已炭化，而这单薄的番茄种，却能保存两千多年仍完好无损？这些问题不能解决，则西汉时期已有番茄的说法是很难令人信服的。

扑朔迷离话“绿林”

新莽末年，广大农民在王莽暴政的逼迫下，无法耕桑，难以自存，不得不起而反抗。新市（今湖北京山东北）人王匡、王凤组织荆州饥民，发动了声势浩大的农民起义。由于起义军曾以“绿林”为根据地，以后遂有绿林军之称，中国历史上也将聚集山林、打家劫舍的起义者习称为“绿林好汉”。汉光武帝刘秀早年与兄刘縯率宾客起兵，曾加入绿林起义军。

“绿林”一词，虽在历史上已沿用了近两千年，但围绕着绿林起义，还有不少疑问亟待解答。其一，绿林起义究竟爆发在哪一年？据司马光《资治通鉴》载，王莽天凤四年（17），是起义发生之年。但以《汉书·王莽传》为据，并考之《后汉书·刘玄传》等史籍，起义则发生在王莽地皇元年（20）。两者相差三年，孰是孰非，难以定论。

其二，“绿林”应作何解？大多数学者以《后汉书·刘玄传》李贤注所云“绿林，山，在今荆州当阳县东北也”等史料为依据，认为“绿林”是山名，于是径称“绿林”为“绿林山”。但是有人指出，《史记》《汉书》中凡是提及“绿林”时，仅书“绿林”二字，从不见有“绿林山”之称，考之有关史籍，在当时农民起义军的活动范围中，根本没有一座名为“绿林山”的山脉，所谓“绿林”，只是“绿色的山林”之意，别无他指。上述二说，一时也难以统一。

其三，即使绿林是山名，此山在何处？刘昭在《后汉书·郡国志》中注云：绿林属南新市。南新市即新市，在今湖北省京山县。《后汉书》李贤注云“绿林，山，在今荆州当阳县东北也”，也就是在今湖北当阳县内。于是形成京山、当阳二说。长期以来，李贤的“当阳说”颇居上风，《水经注》和《当阳县志》皆有史料为之提供有力的证据，现代史学家翦伯赞、白寿彝也持此说。在此基础上，有人到实地作了考察。据说，在今当阳县城东二十千米处，有一片丘陵地带，其间一峰酷似香炉，当地人称香炉峰，这一地区应是当年的绿林山。“京山说”亦有许多史籍可资佐证，范文澜、郭沫若的通史著作中，即采此说。今人实地踏勘的结果是，绿林山应在今湖北省京山、随县一带大洪山中的许家寨大山。此山在西汉称绿林，后改称太阳山，清代改为今名。山方圆百余里，树林茂密，物产丰富，且有泉水潺潺，足能屯兵数万。《后汉书·刘玄传》载王匡、王凤“共攻离乡聚，臧于绿林中”，故乡的山林出能攻、退能守，是最合适的根据地，何必远走他乡藏身？何况当阳的绿林山是一处丘陵，无法长期隐藏千军万马。目前，支持“京山说”者日益增多，但是否能最终取代“当阳说”，还难以预料。

光武帝刘秀（《绘图东汉演义》）

史上有无巨毋霸

戏曲故事中有个激烈的战斗场面：刘秀派部将岑彭、铫期与王莽军队作战，王莽以身材魁伟、面貌奇丑的大将巨毋霸拒敌。巨毋霸不仅力大无比，而且能役使猛兽。岑彭、铫期力战不胜，便设计火攻巨毋霸，将其烧死。这一情节并不完全出于杜撰。《汉书·王莽传》记载，天凤六年（19），有个叫韩博的上言："有奇士，长丈，大十围，来至臣府，曰欲奋击胡虏。自谓巨毋霸，出于蓬莱东南，五城西北昭如海濒，轺车不能载，三马不能胜。即日以大车四马，建虎旗，载霸诣阙。霸卧则枕鼓，以铁箸食，此皇天所以辅新室也。愿陛下作大甲高车，贲育之衣，遣大将一人与虎贲百人迎之于道。京师门户不容者，开高大之，以视百蛮，镇安天下。"这是有关巨毋霸的最早记载。以后，《后汉书·光武帝纪》记载：

● 岑彭和铫期（《绘图东汉演义》）

王莽地皇四年（23），王莽发兵四十二万，号百万，以巨毋霸为垒尉，驱猛兽助威，围攻昆阳农民起义军。这条材料，《后汉书》的李贤注和司马光《资治通鉴》都予以引用，可见古代史学家是承认巨毋霸其人存在的。

不过，《汉书·王莽传》中关于巨毋霸，还另有记载。当时，王莽的倒行逆施引起朝野上下的不满，尤其是他建立了僭伪政权，欲独霸天下，这与封建正统观念水火不相容。于是，起而反抗者有之，直言极谏者有之，暗寓讽刺者有之。韩博上言，就是以“巨毋霸”之名，“意欲以风（讽）莽”。因王莽字巨君，“巨毋霸”意谓：巨君毋得篡权而霸。因此，“莽闻恶之”，下韩博于狱，并“以非所宜言，弃市”。这些记载，似乎否定了巨毋霸的存在，而隐指巨毋霸是韩博凭空捏造以讽王莽的，实际上并无其人。

关于巨毋霸役使猛兽的传说，也有史可证。《后汉书·光武帝纪》记载：“初，王莽征天下能为兵法者六十三家数百人，并以为军吏；选练武卫，招募

王莽和巨毋霸
（《绘图东汉演义》）

猛士，旌旗辎重，千里不绝。时有长人巨无（毋）霸，长一丈，大十围，以为垒尉；又驱诸猛兽虎豹犀象之属，以助威武。自秦、汉出师之盛，未尝有也。”这言之凿凿的史料，也有令人起疑之处：一、巨毋霸以垒尉之职从征，他的职责是主管军壁营垒，怎能一身二任，驱使猛兽冲锋杀敌呢？二、史书仅载以巨毋霸为垒尉，又云军中有人驱使猛兽助战，并没有肯定这驱使猛兽的人，就是巨毋霸。

历史上究竟有无巨毋霸？他究竟有无驱使猛兽的奇能？虽然所据的都是正史材料，却仍形成相持不下的两种说法。孰是孰非？历史研究毕竟不同于戏曲故事，还需要更充足的资料予以证实。

杜吴是何许人

西汉末年，王莽以外戚夺得皇位，建立了新朝。在统治期间，王莽推行一系列脱离社会实际的改革措施，加剧了社会矛盾，导致全国性的农民大起义，其结果是新朝在农民起义军的打击下崩溃，王莽本人也在新朝地皇四年（23）九月三日，被一个名叫杜吴的人杀死。《汉书·王莽传》记载："三日庚戌……莽就车，之渐台……商人杜吴杀莽，取其绶。"随后，校尉东海公宾就又斩下王莽的头颅。由于杜吴亲手杀死王莽，于是他便成为历史上一个著名人物。然而史书上有关杜吴的记载过于简略，仅称他为"商人"，因此杜吴究竟是什么身份，在后世形成不同的看法。

一种意见认为，所谓"商人"是指职业，即杜吴是个从事商业活动的人。从古代文献看，春秋以来，确实有以"商人"来指称商业活动者的现象，如《左传·僖公三十三年》即有"郑商人弦高将市于周"的记载。再从《汉书·王莽传》的记载看，在杜吴杀死王莽的前一天，有长安"城中少年朱弟、张鱼等恐见卤掠，趋欢并和，烧作室门，斧敬法闼"，攻入王莽皇宫的事情。持上述看法的人认为，杜吴很可能是朱弟、张鱼一伙的。既然杜吴是长安城中的市民，那么说他是从事商业活动的人，也是顺理成章的。

另一种意见认为，“商”是地名，所谓“商人”是指杜吴的籍贯，即说他是商县（今陕西商洛市商州区）人。持这一看法的人，还以正反两方面的理由来论证自己的观点。其一，虽然自春秋以来称商业活动者为“商人”，但同时又出现“贾人”这一同义称谓，战国时还出现“商贾”一称。到了汉代，“商人”一称基本上为“贾人”和“商贾”所取代，因而在汉人著作中，极少以“商人”指称商业活动者。其二，汉代史籍在提及人物时，往往在其姓名前冠以籍贯，写上所属郡县的地名。如析人邓晔、东海公宾就等，皆属此类。《后汉书·公孙述传》在述及各地反莽武装纷纷兴起时，即有“商人王岑亦起兵于雒县，自称定汉将军”的记载。而“商人王岑”一语，很明确是指籍贯。再从《东观汉记》的记载看，有“三辅豪杰入长安，攻未央宫。庚戌，杜虞（即杜吴）杀莽于渐台”的说法。商县距长安不远，在反莽武装蜂起时，居于商县的杜吴投身其中，随军入长安城，先至渐台杀死王莽，也属合情合理的事情。

从上述争论看，似乎“籍贯说”的理由较有说服力，不过，要得出最终的结论，恐怕尚有待于更为充分、有力的证据。

许慎故里在何处

许慎（约58—约147），字叔重，东汉时期著名的经学家、文字学家。他从学贾逵，攻古文经学，博通经籍，尤精文字、训诂之学，曾著有《五经异义》一书，世人有“五经无双许叔重”的称誉。又汇录经传群书训诂和汉代所见古文字，分析字形，训释字义，指明音读，按其所创部首编排，著成我国第一部字典《说文解字》，为中国文字学的发展作出极其重要的贡献。许慎为汝南召陵（今河南郾城东）人，历史上无人提出异议，因为《后汉书·许慎传》明确记载其为“汝南召陵人也”。然而，这位大学者的故里在后世却形成多种说法。

有人依据许慎之子许冲《上〈说文解字〉书》中，“召陵万岁里公乘草莽臣冲稽首再拜上书皇帝陛下”一语，认为许慎是万岁里人。也有人依据许慎《说文解字》中“郎”字注，“郎，汝南召陵里”，认为“郎”就是许慎所居故里。还有人折中糅和上述两种说法，既肯定许慎故里是万岁里，又认为万岁里很可能就是郎，二者是一地两名。近代还有人提出，汉代召陵故城城西六里有村庄，名为黑许庄，亦名郎许村。而这个名为黑许庄或郎许村的地方，就是许冲所说的万岁里。于是，又有人根据这一说法加以发挥，称“郎许”是由汉代的“郎里”演变而来，因为汉代县以下的地方基层单位称“里”，而汉以后不再称为“里”，因此“郎里”变为“郎许”，“郎许”又变为“黑许”。

近年有人力主许慎故里为“万岁里”的说法，认为“郎”字作为里名收入《说文解字》，并不能断定它就是许慎的故里，因为用作地名的字，除“郎”以外，还有其他字。此外，汉以后县以下的地方基层单位不再称为“里”的说法，并不符合历史事实。从历史上看，汉以后直至明代，县以下基层单位仍有称“里”的。因而，“郎里”改为“郎许”一说，没有史实依据。另外，根据历史地理资料查证，宋代以前，根本没有见到一地同时有两个里名的情况，“万岁里”即“郎”的说法，实属臆断。今人对传统旧说的考辨是很有道理的，在没有充分依据的情况下，一般仍用许冲的“万岁里”之说。

纸是蔡伦造的吗

造纸术是中华民族引以为骄傲的四大发明之一。纸是什么时候产生的，又是谁发明的呢？东汉之前，书写材料是竹、木简和缣帛。竹、木简很笨重，使用不便；缣帛虽轻，但代价太高。蔡伦总结前人经验，经过多次试验，最后找到价格低廉、来源充足的皮、麻头、破布、废渔网等有植物纤维的东西作原料，制成比缣帛价廉许多、书写吃墨、又光滑又轻软的“蔡侯纸”。《后汉书·蔡伦传》记载：“自古书契多编以竹简，其用缣帛者谓之为纸。缣贵而简重，并不便于人。伦乃造意，用树肤、麻头及敝布、渔网以为纸。元兴元年奏上之。帝善其能，自是莫不从用焉，故天下咸称‘蔡侯纸’。”因此，人们都将蔡伦（？—121）尊为纸的发明者，把纸的诞生时间定在公元105年，也就是蔡伦向汉和帝刘肇献其研究成果的那一年。

但是，自从1933年在新疆罗布淖尔地区发现一片西汉中叶古纸后，对准是造纸术的发明者这一问题，产生了不同的看法。1957年，在陕西省西安市东北郊灞桥砖瓦厂工地上，人们挖掘到一座古墓，出土了一些铜剑、半两钱、残弩机等文物。据当时的报道，古墓中还有三面铜镜，下面垫着一叠古纸残片，共八十八片。其长宽不足十厘米，颜色泛黄，质地细薄匀称，并含有丝织的纤维。据考古学家的判断，这个墓葬不会早于西汉武帝下令废止半两钱的元狩五年（前 118），因此，墓中出现的古纸就应该是西汉纸。

“西汉灞桥纸”的发现轰动了学术界，不少学者纷纷发表意见说“过去历史记载纸是东汉蔡伦发明的，显然与事实不符”，“说蔡伦首创用植物纤维纸的种种议论，是不正确的”。灞桥纸的出现，否定了流传一千多年的蔡伦发明造纸说，把用植物纤维造纸的时间上推了近两百年。许多教科书、工具书也纷纷对蔡伦造纸的内容作了改动，有的博物馆甚至把蔡伦的像也拿了下来。

不过，仍有不少学者对灞桥纸持谨慎态度，他们用实体显微镜和扫描电子显微镜仔细观察，发现灞桥纸的绝大多数纤维和纤维束都较长，不少纤维束横过整个纸面，长度达 70 毫米，这说明切断程度较差，或者基本上没有切过，这是不符合造纸要求的。另外，他们还发现灞桥纸的原料是乱麻、绳头、线头等，纸的结构松弛，纤维束多，匀度不好，表明浆料没有经过悬浮。还有，纤维壁光滑、完整，没有起毛帚化现象；纤维断口整齐，没有分丝帚化现象，这些都说明原料没有经过打浆或舂捣。因此，他们的结论是：灞桥纸一没有经过切割，二没有经过打浆，三没有经过舂捣，四没有经过抄造定型，质地粗糙，根本不能写字，所以“不能以纸定论”。

与此针锋相对，主张“灞桥西汉纸”说的人也对灞桥纸作了进一步的分析验证，认为灞桥纸“纤维细短匀整，平均长度 1.09 毫米，平均宽度 0.018 毫米；纤维有帚化；纸页厚度 0.085 毫米，定量 21 克／

平方米，紧密度接近于当今手工纸（0.25 克 / 平方厘米）”。这表明，灞桥纸是由麻料经切断、沤煮、舂捣而成浆，使短细匀整的单根纤维导向交织，抄造而成的纸。因此，他们认定灞桥纸从原料到结构都具备纸的特征，完全可以用于书写，只是古人未用它来写字而已。同时，他们还指出，蔡伦深居于皇宫达四十六年，不可能有直接参加劳动实践的机会，而造纸的工艺比较复杂，没有丰富的实践经验，是很难掌握的，因此，蔡伦不可能是纸的发明者。

为什么对同一个标本进行的观察、分析，会有如此大相径庭的结论呢？为了弄清灞桥纸的真相，轻工业造纸局和中国造纸学会纸史委员会先后两次组织调查组深入调查，取得了决定性的成果：一、所谓灞桥纸出于西汉古墓的说法是不确切的。当年，出土器物现场已遭推土机破坏，根本没有看到古墓穴，出土的器物究竟是墓藏、窖藏还是居住遗址，已根本无法推断，要对其断代是更没有科学根据了。这样，灞桥纸是西汉纸的说法就失去了根本依据。二、当年在工地现场有人急功近利，将一些破麻絮加工成片状，然后认定是“纸”，制造轰动性的新闻，因此，灞桥纸是出土后人为地加工成薄片的，它根本不是植物纤维纸，而只是一些用来衬垫铜镜的破絮罢了。

“西汉灞桥纸”被彻底否定了，但关于蔡伦是否造纸的争论仍然存在，考古发掘为探索造纸术的发明和发展提供了更为直接、可靠的资料。1934 年，新疆罗布淖尔的汉代烽燧遗址中发现西汉宣帝时的麻纸一片。1972—1974 年，甘肃汉居延地区的金关遗址中发现西汉麻纸两片。1978 年，陕西扶风中颜村的一处西汉窖藏中出土麻纸三片，可能是宣帝时遗物。1986 年，甘肃天水放马滩 5 号汉墓出土一张西汉早期的纸质地图，纸面平整光滑，纸上用细黑线绘有山、河、道路等，绘法接近马王堆出土的西汉地图，这张地图所用的麻纸是目前所知世界上最早的纸张实物，同时也表明西汉初就有可用于书写的纸了。还值得注意的是，1979 年，在甘肃敦煌马圈湾发现了西汉宣帝时至西汉末的麻纸八片。这些纸，早期的色黄质糙；中期的色白，较细匀；晚期的色白细匀。由此可以看出造纸术逐渐进步的情况。

还有人从文献举证：《三辅旧事》记，“卫太子大鼻，武帝病，太子入省，江充曰：上恶大鼻，当持纸蔽其鼻而入”。结果更引起武帝的怒气。应劭《风俗通义》明确载有：东汉建武元年（25），汉光武帝刘秀从长安迁都洛阳时，“载素、简、纸经凡二千辆”。这里的“纸经”即是用纸写成的经书，那时蔡伦尚未出世。《汉书·赵皇后传》记，赵飞燕的妹妹赵昭仪要害死后宫女官曹伟能，就令人送去一箧，“箧中有裹药二枚，赫蹄书……”东汉应劭作注时称：“赫蹄，薄小纸也。”这种“薄小纸”就是后世的丝绵纸。这些事情的发生都早于公元 105 年，说明汉武帝时期，宫内已经有纸。

肯定“蔡伦发明造纸术”者认为，考古发现不能否定蔡伦发明造纸术。自古至今造一张中国式的植物纤维纸，一般都经过剪切、沤煮、打浆、悬浮、抄造、定形干燥等基本操作过程，而灞桥等地出土的西汉纸结构松弛，厚薄悬殊，十分粗糙，不能算真正的纸，充其量不过是纸的雏形。其次，考古出土的西汉纸，均未发现用于书写；而与居延汉纸同时出土的书写材料——竹简、木简，却近两万枚。此外，在我国丰富的古文献中，也找不到关于西汉纸的具体记载。《后汉书》有关蔡伦发明造纸术的记载，主要取自刘珍《东观汉记》，而刘珍与蔡伦是同时代人，应为可信。

坚持蔡伦造纸说的学者还认为，纸的起源与漂絮有关。许慎《说文解字》释“纸”为“絮”；又释“絮”为“敝绵”，即质差的丝绵。古人养蚕，质优的蚕茧用于抽丝，质差的用于制丝绵。制丝绵时，须将蚕茧放在浮于水面的竹席上用棍子敲打漂洗。事后，总有一些残絮粘在竹席上，干了就形成薄薄的丝绵片。人们将其揭下，称为“纸”。这种最初的“纸”质量并不好，也没有多大实用价值，蔡伦之前文献中所提到的纸，都是丝质纤维所造的，实际上不是纸，仅是漂丝的副产品而已。至于出土的几种所谓西汉纸，实际上都十分粗糙，充其量只能算是纸的雏形。这些学者承认，造纸是一个复杂的工艺过程，确实不是蔡伦可以一手制作的，但他和工匠们受前人漂絮和制作雏形纸的启发，总结经验，改进造纸技术，从原料和工艺上将纸的生产提高到一个独立行业的阶段，不断提高纸的质量，终于制成质地轻薄、光滑平整、便于书写、价格低廉的纸。如果没有他的“造意”，工匠们不见得在当时可以造出植物纤维纸来。因此，即使目前已经发现了西汉的雏形纸，仍然不能否定蔡伦造纸的历史功绩。

将造纸术的发明完全归功于蔡伦或许不符合事实，但也无法否定蔡伦对改进和推广造纸技术所作出的巨大贡献。因此，对“蔡伦是否‘造纸’”这一问题很难作简单回答。也许，将“蔡伦造纸”改成“蔡伦造书写纸”会更加确切一些。

蔡伦

篆刻　郑英旻

章草缘何得名

书法是我国艺术宝库中的珍品，其中书写便捷、纵任奔逸的草书，则是该园地的妍丽奇葩。草书又分章草、今草与狂草，三者一脉相承，又不断发展变异。溯其渊源，章草为早期的草书，是从汉隶的草写，经过艺术加工，逐步发展、演化而来的。它保存了隶书的笔意，字画有波磔，每个字不相连属，收笔时常带类似雁尾往上挑的特点，广泛流行于东汉。在章草的基础上，人们结合新兴楷法而形成今草。也由于今草的出现，人们为了便于区别，才把早期草书定名为“章草”。

章草的“章”是什么意思？由于前人已有种种推论，近人又有论著探讨，说法迥异，难以定论。

唐代蔡希综《法书论》说：“章草兴于汉章帝。”主张“汉章帝创始说”。唐韦续《纂五十六种书》记载：“章草书，汉齐相杜伯度援藁所作，因章帝所好名焉。”从而提出“汉章帝爱好说”。此外，还有“用于章奏说”，唐张怀瓘《书断》中记载了汉明帝命刘穆草书尺牍十首、章帝命杜伯度草书上奏、魏文帝命刘广通草书上奏等史事。因数事都与章奏有关，故认为“盖因章奏，后世谓之章草”。宋代著名书法家米芾也说：“章草乃章奏之草。”相传西汉元帝时史游的《急就章》，是最早的章草作品，因此清代《四库全书总目提要》认为，草书“出于《急就章》，遂名章草耳”。这也成为一家之说。第五种说法是，“章草”与“章楷”的“章”同义，亦即“章程书”的“章”，近代学者多主此说。

对于上述五说，著名书法家启功曾有评说。他认为，“汉章帝创始说”与“汉章帝爱好说”，都是以皇帝的谥号为字体名，但在汉代前后均无成例，可见二说为附会之言。至于《急就》在汉代并不名“章”，而称《急就》，就如《三苍》亦俱分章，但并不叫什么“苍颉章”一样。况且史游是编定《急就》文词的人，不是用草书写《急就》的人，今日所见汉代写本《急就》为隶书体，章草写本的《急就》，相传最早是出于吴时皇象。《四库全书总目提要》云：“汉元帝时史游作《急就章》，解散隶体，汉俗简惰，渐以行之是也。”这是误认史游是草书的创始人，后人将此说加以演绎，才形成章草得名于《急就章》的说法。三说而外，章奏、章程二义，是值得注意的，理由是：一、章楷、章草的用笔都参用隶法，结构方扁，波磔较为明显，因此同冠以“章”名，形成对称。二、章有条理、法则之意，以章草与今草相比，前者严谨厚重，后者随意放纵，因而章草的得名，应是由于它的条理和法则的性质较强烈。也正是由于它具备这种性质，才有合乎章程、用于章奏的资格。

佛教何时传入中国

佛教是世界三大宗教之一，产生于公元前 6 世纪的古印度，公元前 3 世纪被定为印度国教，并开始向国外传播。佛教传入中国后，对中国人的思想意识、民族关系、文化艺术、风俗习惯产生了深刻的影响。然而，对于佛教传入中国的时间，学术界众说纷纭，至今未能统一。归纳起来，大致有六说。

“先秦说”。此说以晋代王嘉《拾遗记》的记载为依据。据载，燕昭王七年（前 305），印度有道术人名尸罗，历经五年，千里跋涉来到燕都。清代学者俞樾认为，这是“佛法入中国之始”(《茶香室丛钞》卷十三)。以上文所述，佛教于公元前 3 世纪方始外传，而公元前 4 世纪已有印度僧人来华，显然是讲不通的。唐代和尚道宣在《感应记》中根据《列子・仲尼篇》“丘闻西方有圣人焉”之语，断言“孔子深知佛为大圣”，即春秋时代已有佛教传入。而考诸中印古代史料，佛祖释迦牟尼仅长孔子十余岁，比孔子早死数年，两人是同时代人。孔子在世时，佛教也尚处初创阶段，因此说孔子知佛也是靠不住的。

其余五说为“秦朝说”“西汉武帝时期说”“西汉末说”“西汉末东汉初说”和“东汉初说”。前二说因为史料不可靠或不够充分，未受到学术界特别重视。后三说因年代相近，又都有正史、野史材料作证，各执一辞，难分高下。其中尤以“东汉初说”流传最广，影响最大。佛教界一直有汉明帝求法、佛教初传的史话。相传在东汉永平七年（64），明帝梦见神人身披金光飞于殿前，第二天，他就向大臣询问此神的来历。太史傅毅回答说：西方有一位名叫“佛”的神仙，陛下梦见的恐怕就是他。明帝十分羡慕，就派蔡愔、秦景等人到西域求佛法。三年后，他们到达西域的大月支国，遇到两位高僧迦叶摩腾和竺法兰，便邀请他们来华。迦叶摩腾、竺法兰接受了邀请，携带佛像经卷，用白马驮着，来到洛阳。明帝特意建造白马寺供他们居住。在寺中，二位高僧译出《四十二章经》，一般认为这是中土最早的佛经译本。自西晋以来，汉明帝求法说，一直在佛教徒中盛传不衰。但现代佛教史家却颇怀疑其人其事，理由是：一、所谓感梦遣使之说，显然是带有神奇色彩的传闻。二、汉明帝求法的年代，说法很不一致，如感梦之年有永平三年、四年、七年之异，遣使之年有永平七年、十年、十八年之别，说明没有可靠的材料可资定论。三、明帝派遣的使者也有多种说法。有说出使者为张骞、秦景、王遵；有说蔡愔、秦景同行，或秦景、王遵同去。总之十分不确切。四、对佛经的传译也颇多疑问，如《四十二章经》是否汉代所译？是译本还是抄本？译者到底是谁？都无法定论。

纷繁诸说，都不是出自凭空臆造。要定出一说，也实非易事。目前一般流行的说法是佛教在两汉之际即公历纪元前后传入中国。

洛阳白马寺因何得名

在河南省洛阳市东郊12千米处，有一座寺院。它北依邙山，南望洛河，绿树红墙，梵殿宝塔，庄严肃穆。寺外伫立着两匹白马雕像，刻工粗放，姿态雄伟。走进山门，有迦叶摩腾和竺法兰两僧的墓，还有众多佛像和罗汉像，皆栩栩如生，极富艺术价值。这就是被尊为中国佛教“释源”和祖庭、有“中国第一古刹”之称的白马寺。它建于东汉永平十一年（68），重建于明嘉靖三十五年（1556），为全国重点文物保护单位。

白马寺虽然举世闻名，但其名称的由来，却见仁见智，无法统一。就目前所见资料而言，至少有三种不同的说法。

最普及的说法是“白马驮经”说。相传东汉永平十年时，明帝刘庄曾派郎中蔡愔、博士弟子秦景等赴西域求佛法，在月支遇到来自天竺的迦叶摩腾和竺法兰，就把他们迎入中国。到洛阳后，初居于鸿胪寺，第二年诏令于雍门外别建住所。因僧为西方之客，乃待之以宾礼，故仍将所居之处名为寺。由于当时他们是用白马驮着佛经、佛像返回国都的，所以就将寺院命名为“白马寺”。《水经·谷水注》记载说：“谷水又南径白马寺东。昔汉明帝梦见大人，金色，项佩白光……于是发使天竺。写致经像，始以榆榄盛经，白马负图，表之中夏，故以白马为寺名。"《洛阳伽蓝记》也说："遣使向西域求之，乃得经像焉。时白马负经而来，因以得名。"《魏书·释老志》则记曰："（蔡）愔之还也，以白马负经而至，汉因立白马寺于洛城雍关西。"这些史籍的史料价值都是值得重视的，因此"白马驮经"说为大多数人所接受。

第二种是"印度典故"说。相传在很早以前，有一位印度国王因某种原因，打算毁掉国内所有佛寺。有一个名叫"招提"的僧院，非常富有，一时还未被毁。一天夜里，有一匹白马绕着寺前的塔悲鸣不止，触动了国王，国王信其为灵异，就停止了毁寺之举，并改"招提"为"白马"。《高僧传》中保留了这一传说，并指出"故诸寺立名多取则焉"。因此，不仅洛阳白马寺之名取自于这则印度典故，以后汉地名为"白马"的寺庙还时时可见，如《出三藏记集》卷七记载：竺法护曾在"长安内白马寺"译佛经。这些佛寺的名称可能都可溯源于这一传说。

第三种说法似是从第二种说法演化而来。据今日寺内保存的《重修古刹白马禅寺记》碑文记载说："汉明帝永平八年，闻西域有佛，遣使之天竺求其道，得其书，及摩腾、竺法兰二沙门以归。至十年，始立寺。初名招提，后王有欲毁寺者，夜见白马绕塔悲鸣而止，固更名白马云。"由张敬轩撰文的《重修古刹白马寺碑记》也说："营寺于兹，初名招提，后更名白马。"此说与第二说甚为接近，所不同的是，前者白马绕塔而鸣是发生在古代印度，而后者则发生在中国。

白马寺作为佛教传入中国内地后营建的第一所寺院，作为中国古代最重要的佛经译馆，其在中国文化史上的地位是不言而喻的。如今，它又是重要的旅游热点，吸引着众多的中外游客。当人们步入这初建于近两千年前的古刹时，当人们抚摸着寺前的白马雕像时，恐怕都会情不自禁地问一下：白马寺，究竟缘何而得名？

张仲景曾任长沙太守吗

汉代是中国古代医学发展极为兴盛的时期。汉代的良医，除仓公、华佗等人外，还有一位被后世推崇为医中之圣的张机。张机，字仲景，东汉南阳郡（治今河南南阳）人，汉灵帝时举孝廉，以廉能著称。他博通群书，师从同郡张伯祖学医，尽得其传，又能“勤求古训，博受众方”，因而医术精湛，年轻时就被人称许为良医。东汉末年，战争连年，瘟疫四起，许多在战火中侥幸逃生的百姓，又被病魔夺去生命。张仲景宗族二百余口，死去三分有二，患伤寒（中医指一切外感热病，包括各种流行病）病者十居其七。张仲景“感往昔之沦丧，伤横夭之莫救”，发愤钻研医学理论，经数十年实践，积累了治疗各种急性热病的丰富经验，著成中国医学史上划时代的临症医学巨著——《伤寒杂病论》。他创造性地把外感热病错综复杂的症候及其演变加以总结，提出较完整的六经辨证体系。他的学说对后世医学的发展有深远的影响，为中国医学的发展，为中华民族的繁衍昌盛作出了重大贡献。

或许因中国古代存在轻视自然科学的观念，《后汉书》和《三国志》等史书竟没有为张仲景立传，从而留下了一些有关其生平的难解之谜。例如，张仲景是否出任过长沙太守，后人就有两种相反的说法。

肯定者认为，张仲景曾任长沙太守，有文献记载及考古发掘的实物可证。如明崇祯《长沙府志》、清康熙《长沙府志》、明清时期所修《南阳府志》《邓州志》，均有张仲景任长沙太守的记载。北宋仁宗嘉祐年间（1056—1063），林仁等奉诏校正医书，在序言中引用唐《名医录》的论述，认为张仲景“官至长沙太守”。因是奉诏校书，此序即是向皇帝汇报的奏章，可见其凭空妄言的可能性较小。此外，1981 年 11 月，在南阳医圣祠发现刻有“汉长沙太守医圣张仲景墓”字样的晋代石碑。这些史料可以证明，张仲景曾任长沙太守是历史事实。

否定者则认为，张仲景任长沙太守是后人伪托。理由是：一、所谓史籍记载，都是后世的典籍，距张仲景在世年代较近的晋、唐医籍如王叔和《脉经》、皇甫谧《甲乙经》，都只字未提张氏任长沙太守事；记载东汉年间历届长沙太守的史籍中，也无张仲景之名。二、没有足够的理由证明 1981 年发现的石碑是晋代古物，因为对张仲景“医圣”之称，最早出现于宋代，直到清代才广为流行，晋代对张仲景的医圣之称从何而来？三、张仲景在《伤寒杂病论》自序中言：“当今居世之士，曾不留神医药，精究方术，上以疗君亲之疾，下以救贫贱之厄，中以保身长全，以养其生。而但竞逐荣势，企踵权豪，孜孜汲汲，惟名利是务；崇饰其末，而忽弃其本，欲华其外而悴其内。皮之不存，毛将安附焉？”可见张仲景对仕宦的淡漠，对士大夫一心追逐荣华富贵的鄙视，对轻视医术局面的感愤。他的道德观与价值观，可说是一目了然，这样的人怎么会热衷于仕途呢？

上述二说，旗鼓相当，难分高下。虽然，张仲景是否出任过长沙太守并不影响他“医圣”之名，也不影响《伤寒杂病论》的价值，但这毕竟仍是历史人物研究中一个悬而未决的问题。

● 张仲景
篆刻 郑英旻

“苍天”与“黄天”是何意

东汉末年，张角领导黄巾农民起义时，曾提出“苍天已死，黄天当立；岁在甲子，天下大吉”的口号，以此鼓动民众起来推翻东汉王朝的统治。这场起义动摇了汉王朝的根基，在中国农民战争史上具有较大影响。但在起义中曾起过重要作用的这句口号，其“苍天”和“黄天”的具体含义究竟是什么，因史书未有详明解释，后世论者多有歧见。

有人认为，张角等人提出的口号，实际上是以道教的语言，说出农民阶级推翻封建政权的决心和斗争目标。所谓“苍天”，是指东汉统治，“黄天”是指农民阶级和其他下层群众。“黄天”要在“甲子”这年取“苍天”而代之，天下才能从此太平。

也有人从天文律法角度推测，认为黄巾起义能三十六方同时并起，口号是其中的关键。按古代律书推五行或气象医学中的五运主时法，可知甲子年当苍、黄二气之交，当落在甲子日。因此，所谓“苍天”“黄天”，显然是大起义的秘密通知。

还有人认为，这句口号源于汉代盛行的“五德终始说”，本身并不包含阶级对抗的意思，因而不具有革命纲领的性质。不过，用五行之说解释这句口号的人，也不完全一致。一说以五行相克之说来解释，认为黄巾起义领导人并不以汉代属火德，而是以其属水德，“苍”可作“水色”解，故“苍天”就是指东汉王朝。按五行相克说，土能克水，而土德色尚黄，因此提出这一口号的目的，是想以自己的“土德”来克汉代的“水德”。一说以五行相生之说来解释，认为“苍天”应是“赤天”之误，汉代是“火德”，火能生土，故起义领导人提出这一口号，希望以“土德”来取代“火德”。从东汉末年的情况看，社会矛盾已日趋尖锐，东汉王朝灭亡的征兆，也日益明显地呈现出来，社会上各阶层的代表人物，都有取而代之的念头。当时，五行、谶纬之说十分流行，因此社会上已普遍制造出以黄代赤的谶言。在这种状况下，黄巾起义军自称“黄天”，并皆着黄色巾服，利用谶言，以示自己是应运而起的黄天，取代汉王朝完全出于天意，并以此鼓动人们参加他们的队伍。用汉代盛行的五行学说来解释这句口号，似乎比较接近历史事实。

貂蝉之谜

貂蝉是中国古代"四大美女"之一。《三国演义》说她善歌舞，色伎俱佳。又形容她的容貌舞姿："红牙催拍燕飞忙，一片行云到画堂。眉黛促成游子恨，脸容初断故人肠。榆钱不买千金笑，柳带何须百宝妆。舞罢隔帘偷目送，不知谁是楚襄王。"貂蝉的美，素有"闭月"之称；她的胆识，如《三国演义》所载，也绝不亚于昭君、西施。只是历史上的貂蝉，是否真如罗贯中所描绘的？史籍没有明确记载，因此

王司徒巧使连环计（《绘像三国志第一才子书》）

这位倾倒众多英雄豪杰的美人的真实身份，至今尚无定论。

由于三国故事家喻户晓，故貂蝉是王允家中的歌妓这一说法流传最广。王允是汉献帝时的司徒，因不满于太师董卓的跋扈，一心想除之，但苦无良策，终日茶饭无心。他视为亲女儿的歌妓貂蝉窥知情由，表示“如有用妾之处，万死不辞”。于是王允精心设计了个“连环美人计”，先将貂蝉许给董卓义子吕布，未及迎娶又献于太师董卓，挑起董、吕两人的矛盾。貂蝉对王允的意图心领神会，一会儿在吕布面前扮成早已以心相许，却被董卓霸占的痴情人，一会儿又在董卓面前装作受吕布调戏的无辜者，使董、吕彼此恨之入骨，终于反目成仇，最后吕布杀董卓，夷其三族。貂蝉的出色表演，使王允的计划实施得天衣无缝，顺利地铲除了当时朝中一大祸害，后人叹曰：“司徒妙算托红

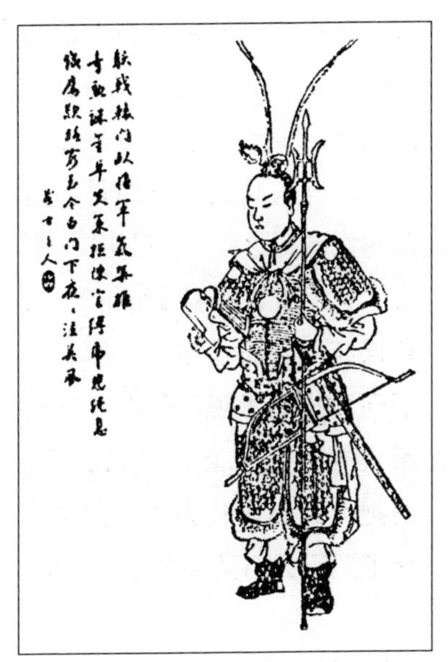

吕布（《增像全图三国演义》）

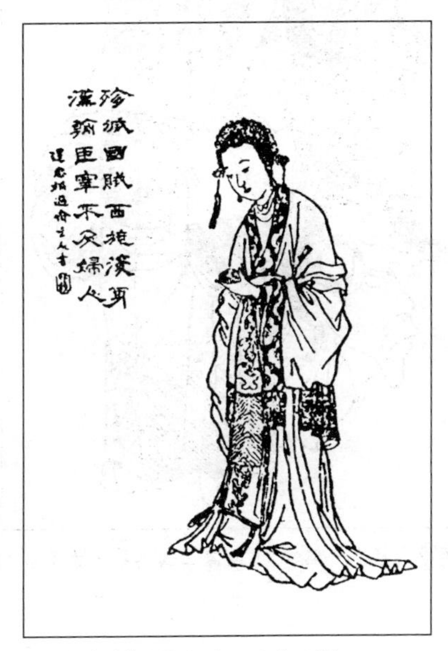

貂蝉（《增像全图三国演义》）

裙，不用干戈不用兵。三战虎牢徒费力，凯歌却奏凤仪亭。”

另有“董卓婢女”一说。据《后汉书·吕布传》载，董卓任吕布为骑都尉，甚爱信之，两人誓为父子。有一次，吕布因小事不如董卓之意，董卓大怒之下持戟向吕布掷去，幸亏吕布手脚轻健方得避开，从此吕布对董卓暗怀怨愤。后董卓派吕布守中阁（宫中的小门），这是对他的信任，吕布却趁机与侍婢私通，两情相许，又唯恐董卓识破，由此生出许多矛盾。由于这段记载与三国故事中貂蝉约吕布在凤仪亭相会，董卓用画戟刺吕布的情节相合，人们认为使董、吕反目的貂蝉，实际上是董卓的婢女。

董卓、吕布、貂蝉（《绘像三国志第一才子书》）

还有人认为，貂蝉是吕布部将秦宜禄之妻。《三国志·蜀志·关羽传》注引《蜀记》曰，曹操与刘备围吕布于下邳，关羽向曹操请求说，吕布派部将秦宜禄外出求救，城破之后，请把秦之妻赐我为妻。曹操答允了。后关羽又多次提及此事，使曹操产生好奇心：那秦宜禄之妻是否乃绝色之人？于是，在城破之日派人先将秦妻送入自己营帐，随后便“自留之”，关羽因此“心不自安”。元代杂剧就在此基础上附会出一个关公月下斩貂蝉的故事来，说曹操欲以美色迷惑关羽，使其为自己效力，遣貂蝉前往引诱。貂蝉使出千种柔情，百般挑逗，关羽不为所动，最后杀死貂蝉，以示心迹。这里，貂蝉与秦宜禄之妻便合二为一了。

此外，徽剧、川剧、绍剧、京剧都有《斩貂》剧目，写吕布在白门楼殒命后，其爱妾貂蝉为张飞所获，送至关羽处。关羽甚爱怜之，但念及古今英雄豪杰往往以迷恋女色而身败名裂，便逼令貂蝉自刎。因而，又有“貂蝉为吕布之妻说”。如果貂蝉成为吕布妻（或妾），是在吕布杀董卓之后，那么此说与一、二说不矛盾，有人据此认为此说不能自成一说。

总之，貂蝉的故事，或出于小说，或出于戏剧，文人的渲染与演绎使她越来越不可捉摸。由于这些故事或多或少与史实有关，真真假假，更为难辨，以致历史上的貂蝉究竟是怎样一个人，就成为难解的悬案了。

“挟天子”何解

诸葛亮著名的《隆中对》中有这样一句话：“今操已拥百万之众，挟天子而令诸侯，此诚不可与争锋。”“挟天子以令诸侯”，人们对此话都不会感到陌生，早在《战国策·秦策》中就有“挟天子以令天下，天下莫敢不听”之语。历来对它的解释是：挟制着皇帝，以皇帝的名义发号施令。后代史学家在论及春秋争霸局面时，几乎无一不用“挟天子以令诸侯”这句话来概括齐桓、晋文等霸主以周天子名义号令诸侯的状况。“挟天子”为“挟制”天子，不仅在语意上讲得通，也与当时的情形基本吻合。所以，千百年来，没有人对此提出异议。

王健秋指出：“挟天子”应是“依仗天子”。《辞海》关于“挟”的义项有四：一、夹持，引申为挟制。二、怀藏，如挟怨、挟嫌。三、襟带。四、倚仗，倚以自重。如《孟子》有“不挟长，不挟贵，不挟兄弟而友”，朱熹注曰：“挟者，兼有而恃之之称。”如果以第四义项即“倚仗”来解释“挟天子以令诸侯”也完全讲得通，意思是：借重天子的威望（或名义）号令诸侯。曹操在《让县自明本志令》中说自己：“奉国威灵，仗钺征伐，推弱以克强，处小而禽大。”句中的“奉国威灵”就与“倚仗天子”语义略近，只是后者比前者敬意稍逊而已。

然而，李纯良提出了新解：“挟天子”是“夹辅、扶持皇帝”，他认为只有这样，才符合当时的语言实际。

首先，“挟”字有扶、将、护的意思。汉代扬雄《方言》卷十三曰：“扶、护也。”晋郭璞注云：“扶，挟、将、护。”清戴震疏证曰：“护，助也；将，扶也；挟，辅也。其义交互相通。”可见，挟与扶、护是义同互训。如《三国志·魏志·荀彧传》注引《文士传》记祢衡骂曹操一事曰：“数骂太祖，太祖敕外厩急具精马三匹，并骑二人……乃令骑以衡置马上，两骑扶送至南阳。”而《三国演义》“祢正平裸衣骂贼”一回却作：“操教备马三匹，令二人扶挟而行。”罗贯中在这里以“扶挟”易“扶送”，扶和挟是同义并用。又如《文选》卷八扬雄《羽猎赋》曰：“齐桓曾不足使扶毂。”唐李善注引《春秋感精记》曰：“黄池之会。重误子，滕薛夹毂，鲁卫骖乘。”这里是以“夹毂”注“扶毂”，则“夹”即“扶”也，而“夹”本是“挟”的初文。类似的例子在古书中还有很多，我们从康殷《文字源流浅说》的解释或者可以加深对夹（挟）的理解：“夹（夾），像两小人夹辅一大人之状，大人与小人概用以比拟主奴、君臣之分。”“挟”字的“夹辅”之意明矣。

诸葛亮《隆中对》中“挟天子而令诸侯”一语说的是曹操，我们来看看《三国志》的其他地方的记载。《毛玠传》曰：“玠语太祖：‘宜奉天子，以令不臣。’”《吕布传》云：“（陈珪）说布曰：‘曹公奉迎天子，辅赞国政，威灵命世，将征四海。’”《荀彧传》云：“或曰：‘夫以四胜辅天子，扶义征伐，谁敢不从。’”《程郭董刘蒋刘传》曰：“惟曹公能拔拯危乱，翼戴天子，奉辞伐罪，所向必克。”《周瑜鲁肃吕蒙传》赞云：“曹公乘汉相之资，挟天子而扫群桀。”以上数例，或言

“奉”天子，或言“奉迎”天子，或言“辅”天子，或言“翼戴”天子，也有言“挟”天子的，用辞各异，其义一也。而且，对曹操皆称曹公，毫无贬斥之意。

“挟天子”一词用于他人的也有。《三国志·魏志·张杨传》载：“建安元年，杨奉、董承、韩暹挟天子还旧京……”我们知道，董承是汉献帝的丈人，他的“挟天子”该不会是“控制或夹持皇帝”，也不会是“借重皇帝还京”。而其他地方记此事或曰“董承、李乐拥卫左右”，或作“韩暹、杨奉新将天子到洛阳”，或云“杨奉、韩暹以天子还洛阳”。可见，这里的“将天子”“以天子”“挟天子”都是“保护天子”，也就是后来常用的“护驾”。

汉献帝（《古本三国演义图像》）

“挟天子”一词见于他书者也可说明问题。如晋荀济《见执下辨》云：“自伤年几摧颓，恐功名不立，舍儿女之情，起风云之事，故挟天子，诛权臣。”这里将“挟天子”与“诛权臣”相对为文，后者指诛除那些挟制皇帝而专擅朝政大权的重臣，前者自然是指自己扶持、匡护天子。如果将“挟天子”作“控制皇帝”解，岂不是把自己也列入该诛除的权臣之中了？

再来看看当时人对曹操的评价。《三国志·蜀志·许靖传》载许靖写给曹操的信曰：“……今日足下扶危持倾，为国柱石，秉师望之任，兼霍光之重，五侯九伯，制御在手。自古及今，人臣之尊，未有及足下者也。”这里，曹操被比作辅弼当时尚处弱小的周武王成就一统大业的吕望、扶持汉宣帝的托孤重臣霍光。因而“扶危持倾”是对“挟天子”的最好注脚。同样，《后汉书·袁术传》载袁术在力困势衰时慨叹云：“禄去汉室久矣，天下提挈政在家门，豪雄角逐，分割疆宇。此与周末七国无异，唯强者兼之耳。……曹操虽欲扶衰奖微，安能续绝运，起已灭乎？”连曹操的政敌都认为他是在“续绝运，起已灭”，那后人为什么一定要将“挟天子”理解成为“挟制天子”呢？

看来，诸葛亮笔下的“挟天子”在魏晋之世是有特定含义和既定理解的，当时的书籍和言论中出现的“挟天子”多为夹辅、拥戴、扶持、保护、佐助、辅赞皇帝的意思。虽然这一考证已无法改变“挟天子以令诸侯”多年来形成的约定俗成的含义，但人们至少对《隆中对》的文意，以及当时人对曹操的评价会有一个较客观的认识。

曹操何处观沧海

东临碣石，以观沧海。
水何澹澹，山岛竦峙。
树木丛生，百草丰茂。
秋风萧瑟，洪波涌起。
日月之行，若出其中。
星汉灿烂，若出其里。
幸甚至哉，歌以咏志。

这首《步出夏门行·观沧海》是曹操在公元207年北征乌桓时写下的著名诗篇。有人认为它是中国文学史上山水诗的开创之作，其文学价值自不待言。它雄浑的诗风尤为历代词人骚客所偏爱，被誉为千古绝唱。

欣赏者多，注释者也多。然而，本诗的首句就让众多注释家费思量："东临碣石"之"碣石"在何处？多年的讼案大致形成如下几种倾向性意见：一、碣石就是碣石山。二、碣石山在河北昌黎。三、碣石已经沉没于海。各说莫衷一是，因此各家作注往往也只能兼收并蓄，让读者无所适从。以上诸说是否都站得住脚呢？

《山海经·北山经》记载："碣石之山，绳水出焉，而东流注于河。"但是,《尚书·禹贡》却记载说："太行、恒山至于碣石，入于海。"前者说碣石山的山水"注于河（黄河）"，而后者却说水流经过碣石"入于海（渤海）"。可见，碣石山和碣石的地理方位有庭径之异，应该不会出现在同一地方。《汉书·地理志》记有"骊成，大揭石山在县西南"。人们往往认为其中的大揭石山就是碣石，其实，碣石这一专名，自《禹贡》起就一直被沿用，与前冠以"大"后缀以"山"的"揭石"很难说就是一回事。尤其值得我们注意的是各种典籍提到碣石时所用的动词。《史记·秦始皇本纪》载："三十二年，始皇之碣石。"又有秦二世胡亥"东行郡县，到碣石"。《史记·孝武本纪》载：公元前 110 年，汉武帝封禅泰山后，"并海上，北至碣石，巡自辽西"。《汉书》亦载汉武帝"行自泰山，复东巡海上，至碣石"。包括曹操的《观沧海》也作"东临碣石"。上述史料都明确言其"之""到""至""临"，而都没有说是"登"，更没有说是"山"。东汉《说文解字》也曰："碣，特立之石。"所谓"碣"者，原应是圆顶的石碑，因此碣石自然是指形制如"碣"石之石，与碣石山应该不能等同。

碣石在河北昌黎吗？也不见得。学者傅金纯、纪思亲自踏勘了昌黎碣石山，发现其形貌平常，俗称"娘娘顶"。山高 695 米，南距渤海约 24 千米，山顶虽有巨石突兀，但却不成"碣碑"之象。很难想象当年的秦始皇会登攀这座远离大海的山巅谒仙求药，那无异于缘木求鱼。曹操若站在山顶向东南眺望，也至多看到烟波微茫，而不会有"水何

曹操及其将领(《古本三国演义图像》)

澹澹”“洪波涌起”的感受，视野之中，也没有什么“山岛竦峙”可言。因此，昌黎的碣石山不可能是曹操观沧海的碣石。

碣石沉没于海了吗？此说始于北魏郦道元，他在《水经注·濡水》中记曰：“昔在汉世，海水波襄，吞食地广，当同碣石，苞沦洪波也。”又在“漯水”条注曰：“碣石，沦于海中。”千百年以来，许多学者承袭郦道元关于碣石在“濡水”(今滦河)南入海口之说，推论它沦没于今河北省乐亭县西南滦河入海口处。然而，根据地理考察和史料记述，两万年来，碣石出没一带的海岸，虽然经过多次海啸冲击，但除滦河三角洲外，海岸线并没有明显的改变。而滦河口地区，也未发现有山阜沦没的踪迹。渤海是环陆型内海，平均水深仅20余米，最深处尚不足百米，如果真有一座石山沉没，哪会不见一丝踪影？因此，“碣石沦没”说也经不起推敲。

那么，碣石究竟在哪儿呢？傅金纯等人认为，历史上既然有那么多帝王在碣石活动，他们就不可能是露宿在海滩或山隅之中的，必定有其驻跸之所，因此，应该在考古发掘中寻找新的线索。1984 年，辽宁省文化厅进行文物普查工作，在绥中万家镇沿海一处名叫“墙子里”“石碑地”的地方发现了大批残砖断瓦。经多年的勘探和发掘，现已可以确认这是一处秦汉时期帝王行宫遗址。这座宫阙占地达 20 万平方米，总面积比沈阳故宫还要大两倍有余。其总体布局为“一宫双阙”，呈虎踞龙盘之势，整座建筑群规模之盛、气魄之雄伟，或许只有阿房宫可以与之相媲。秦始皇曾计划在关中建“宫三百”“关外四百余”，因此发现一座宫阙遗址并不奇怪。但令人惊异的是，这座宫阙正面对着被今人称作“姜女坟”的海上巨礁，这恐怕就与我们这个题目有一定的联系了。

“姜女坟”巨礁分作两组四块，高者如碑碣，竦峙海畔；低者若坟茔，横卧清波。礁石为硅石质地，通体莹白皓壁，虽历经千万年而巍然耸立。其中一石高达 23 米，另外三块矮礁原本是一个高大柱石，不知何年崩塌成数截，成今日之状，但仍可以推见其旧貌必定奇伟壮丽。人们或许可以如此推想：在燕国时，这里已因“碣石”奇景而闻名。燕亡后七年，秦始皇巡幸临碣石，受卢生等方士蛊惑决定起造碣石新宫，以备祭仙求药之需。浩大的工程直至秦二世时才基本完成。后因战乱无人问津而失缮毁损。汉武帝复来，增建“望海台”，后人称为“汉武台”。曹操兵伐乌桓，凯旋时特意择碣石宫休息。他登望海台观海，见两柱长石竦峙海天之间，风浪不惧，于是岿然自许而引发情魄，洒墨挥毫，写下“东临碣石，以观沧海”的千古绝唱……

结论是：山海关外、辽宁省绥中县境内海中的“姜女坟”就是古碣石所在，曹操当然也就是在这里“观沧海”的。这一家之说，您是否赞同？

曹操为何要杀孔融

“建安七子”之一孔融，字文举，以文才闻名于世。东汉末年，孔融历任北海相、少府、大中大夫等职，后因一再触怒曹操而于建安十三年（208）被杀。曹操一向“唯才是举”，为什么才高志大的孔融却不见容于曹操？后世学者对此进行探索，从不同侧面作出不同的结论。

一种意见认为，孔融被杀，主要是由于政治原因。孔融的思想言论与曹操的许多政令相抵触，如建安十二年曹操出兵征讨乌桓，孔融反对，并讽刺说，如果像乌桓这样的草芥小患也要劳民伤财，发动远征，那么周代的肃慎不向周王进贡楛矢石砮，汉代的丁零偷盗几只羊，也都应该发动战争了。在岁饥兵兴的时候，曹操为经济与军事的需要，制定禁酒令，孔融“频书争之”。他说，天上有酒星之耀，地上有酒泉之郡，谁不知道酒之德？唐尧有酒建成太平基业，孔子有酒才成为圣人，古往今来“酒何负于政哉”？其侮慢之意，溢于言表。尤其使曹操反感的是，他上奏《宜准古王畿之制》，主张“千里寰内，不以封建诸侯”，意思是要尊崇汉朝天子，确保汉天子天下独尊的地位。当时曹操“挟天子以令诸侯”，是他政治上成功的基本保证。孔融的奏章，一针见血地揭穿曹操的作为，怎不引起曹操忌恨？因此，孔融在政治上是曹操的反对派，终于被杀。

一种意见认为，从社会派系上分析，汉魏时期讲究门第，世家大族势力很大，许多士大夫倚仗门第，目空一切，不与普通人结交。如河南尹李膺曾规定家人，不是当今名士和通家子弟，一律不准通报。孔融是孔子第二十代孙，十岁时就出入李膺府第。与此相反，曹操的祖父曹腾是宦官，他的父亲曹嵩是曹腾养子，曹操毫无门第可言，一直被人骂作“赘阉遗丑”。孔融也十分看不起曹操，常常不分场合地对他冷嘲热讽。曹操灭袁绍时，曹丕见袁绍之子袁熙的妻子甄氏貌美，欲占为己有，曹操闻知后，即为曹丕娶甄氏。孔融写信给曹操，说“武王伐纣，以妲己赐周公”，讽刺曹操将政敌的宠姬安置在重要的辅佐之臣身边。偏偏曹操不理解这一点，还去向孔融询问此事出于何典。孔融回答说，我看你今日的做法，想见当年武王必定如此。面对这样的挖苦与嘲讽，曹操肚量再大，也不堪忍受。郭沫若指出：“曹操虽然爱才，但对于恃才傲世，不肯亲附自己的人，却是不能容忍的。”出身低微的曹操，在统一中原之后，企图借自己的政治权势突破大族名士的势力挟制，孔融作

孔融（《绘像三国志第一才子书》）

为世族地主的代表，既名高望重，又不受笼络，很可能形成强大的反曹势力，因而可说必死无疑。

有的学者不同意上述看法，指出孔融在许多具体问题上表现出与曹操合作的态度，如他曾上《崇国防疏》，指斥刘表僭伪不规，从而在舆论上助了曹操一臂之力；他的三首《六言诗》，也从政治上对曹操赞颂有加，在《与曹公论盛孝章书》中，还把曹操誉为齐桓公。可见简单地说孔融是曹操政治上的反对派，或由于门第悬殊看不起曹操而引来杀身之祸，并不能令人信服。在孔融被杀事件中，孔融本身的性格因素非常重要。孔融系名门出身，自少誉满清流，养成恃才傲物、性情疏狂、目空一切的脾性，从来不刻意与权贵结交。河南尹何进升迁为大将军时，司徒杨赐派孔融奉谒祝贺，何进未及时接见，孔融便夺谒还府，投劾而去。何进的部下对此忿忿不平，欲派剑客追杀之。董卓专权，孔融每与应答，都有匡正之言，董卓十分恼火，乃派他赴黄巾起义的冲要之地北海任北海相。因此，自古以来，很多学者都认为，孔融的被杀，是其性格使然。袁淑的《吊古文》说，“文举疏诞以殃速”；颜之推《颜氏家训·文章》称他“诞傲致殒”；张璠《汉纪》则进一步分析说，孔融“天性气爽”“不识时务”，而曹操则“外虽宽容，而内不能平”。孔融迂腐、疏狂的性格与曹操“性忌”的心理状态形成不可调和的冲突，最终造成孔融的悲剧。

华佗行医是否使用过“麻沸散”

华佗（？—208）字元化，别名旉，三国时著名医学家。他行医的足迹遍及今安徽、江苏、山东、河南等地，为人们治愈了许多疑难病症，时人对他称颂备至，久而久之，民间便流传起华佗治病救人的生动故事。华佗的医术兼及内科、外科、儿科、妇科等诸多领域，在医疗保健方面也颇有建树，他编制的“五禽戏”至今仍是锻炼身体的有效方法。其中贡献最为突出者，当属外科剖腹术的施行以及麻醉药“麻沸散”的使用。

华佗（《绘像三国志第一才子书》）

相传，有一位士大夫常觉身体不适，华佗经过切脉，认为他腹中长了异物，若要根治，必须剖腹，取出赘瘤。士大夫听说剖腹治病十分害怕，但耐不住疼痛，只好请华佗动手术。华佗取麻沸散以酒调匀，让病人喝下睡熟，然后用锋利小刀剖开其腹部，找到赘瘤，割下取出，再用丝线把刀口缝合。过了一会儿，病人醒来，身上不痛不痒，更为惊奇的是，整个手术过程中一点疼痛的感觉都没有。还有一次，华佗给一腹痛的船夫看病，认为他脾脏已烂，须剖腹切除。他让船夫喝下麻沸散后剖腹一看，脾脏果然腐烂了一半，便用刀割掉、剔尽腐烂部分，用药膏敷在伤口上，缝合伤口，再给病人服几帖汤药。百来天后，船夫的病完全好了。此外，他为蜀汉名将关羽刮骨疗毒的故事更是脍炙人口。这些传说并不是无稽之谈，《三国志·魏志·华佗传》载："若病结积在内，针药所不能及，当须刳割者，便饮其麻沸散，须臾便如醉死无所知，因破取。病若在肠中，便断肠湔洗，缝腹膏摩，四五日差，不痛，人亦不自寤，一月之间，即平复矣。"在一千八百多年前，华佗已能使用口服有奇效的麻醉药，施行洗肠取瘤的腹部手术，真是人类文化史上的奇迹。

由于华佗没有医著传世，有关剖腹断肠、摘除肿瘤手术的描写，也近乎神奇，使后世医家、史家产生疑问，其中不乏否定意见。

首先，是关于"麻沸散"。一部分学者认为，与华佗同时代的医师张仲景，在其医药学著作中未曾提及此药，仅依据并非医书的《三国志》记载，就断定"麻沸散"为华佗首创，是不能令人信服的。其次，是关于外科手术。早在宋代，叶梦得就认为华佗的剖腹手术不合情理，因为人体的腹、背、肠、胃都是不能破裂的。这种看法或许有悖于科学，但反映了那个时代人们的一般看法。近人陈寅恪通过对印度佛教故事与中国华佗传说的比较研究，指出从学术进化史上看，三国时期的医术，还不可能达到华佗这样的水平。这是民间比附印度佛经《棕女耆域因缘经》中的神医故事（即神医耆域为病人剖腹疗疾）演绎而成。

然而，更多的人认为，史籍记载与传说都是可信的，并提出许多证据。关于麻沸散，他们认为确有其药，张仲景著作中未见麻沸散，但有“麻沸汤”，它的配方如曼陀罗花、草乌、当归、川芎、南星等，大部分主要出产于我国，甚至仅见于我国。华佗的学生吴普，长于药物学，有《吴普本草》传世，已佚。《吴普本草》中，曾提到一种有麻醉作用的植物“麻蕡”。“蕡”可读作“费”，音与“沸”相近，陈寿在《三国志》中记载的“麻沸散”很可能是“麻蕡汤”的误记。此外，我国是世界上最早使用麻醉药的国家，《列子・汤问》已载战国时扁鹊使用麻醉药，马王堆出土的《五十二病方》，也提到施用于治疗外部伤痛的类麻醉药物。所以到三国时代，华佗的麻沸散有如此神效，应说是水到渠成的事。关于外科剖腹手术，医学史界提出许多肯定的理由：一、陈寿的《三国志》素以取材严谨著称，且其著书时距华佗去世不过六七十年，关于华佗的记载应是较为可信的。二、我国有关外科手术的记载，最早可见于《周礼》，至华佗时能做剖腹术，当不足为怪。三、印度的第一部外科专著《苏色卢多》中，列举一百二十多种外科用具与手术方法，其成书时间，却晚于华佗三百多年，根本谈不上对华佗有影响。

“麻沸散”事关华佗的医术究竟有多高、他对世界医药的贡献究竟有多大，是值得继续研究的。

赤壁何在

东汉建安十三年（208）秋，曹操率领八十万大军，自江陵（今湖北荆州）沿江东下，企图统一全国。曹军舳舻千里，旌旗蔽空，声势浩大。江东孙权与屯兵樊城（今湖北襄阳市樊城区）的刘备都难以与之对垒。在鲁肃与诸葛亮的努力下，孙、刘组成联军，逆水而上，与曹军相遇于赤壁。曹军将士不服水土，又不习惯水上生活，晕船呕吐，还有疾疫流行，削弱了战斗力。两军初战，曹军受挫，便移师长江北岸的乌林（湖北洪湖长江北岸邬林矶），隔江与孙、刘联军对峙。北方兵士不习水战，曹操传令用粗铁索将战船连接起来，上铺木板，形成“连环船”，兵士行走其上如履平地。一天夜间，东南风骤起，周瑜部将黄盖假称投降曹操，带了十艘艨艟斗舰，上面满载浇了油脂的干柴、芦苇，顺着风势疾速向曹营驶去。离水寨二里许，黄盖下令点火，一时风趁火势，火借风力，十条船犹如十条火龙，一下子烧着“连环船”。曹军抢救不及，纷纷逃往岸上。不料火舌向岸上卷去，烧着岸边营寨，曹军人马烧死溺死不计其数。曹操见大势已去，带领残兵败将步行，从华容道北遁。这一仗使曹操失去统一南方的实力，魏、蜀、吴三国鼎立的局面正式形成。

赤壁之战，是我国古代以少胜多、以弱胜强的著名战例，古往今来，为文人墨客、政治家、军事家一再吟咏和称颂。然而，赤壁这一著名的古战场究竟在何处？自南北朝以来，先后至少有汉阳、汉川、武昌、黄州、嘉鱼、蒲圻六种说法，其中以后三说影响较大。

北宋大文豪苏东坡曾作《念奴娇·赤壁怀古》："大江东去，浪淘尽、千古风流人物。故垒西边，人道是、三国周郎赤壁。"笔力雄健、意气纵横的词作倾倒了无数读者，也使"黄州赤壁说"一度风行。苏词中所说的赤壁，是黄州（治今湖北黄冈）城外的赤鼻矶。后人指出，赤鼻矶的地理位置既不在樊口上游，又不在大江之南，与史书记载不合，并非真正的古战场。只是历史上的以讹传讹，使苏东坡信以为真，又以苏东坡的《念奴娇·赤壁怀古》，使此说为更多的人熟知。不过，有人仔细考证了刘、孙、曹军队当时的进退路线及屯驻地点，又考察了黄州赤壁的地貌概况，认为不能简单否定"黄州赤壁说"，现此说复为人们所重视。

"嘉鱼县（今属湖北）东北说"，源于《水经注》："赤壁山在百人山南，应在嘉鱼县东北，与江夏接界处，上去乌林二百里。"清朝的全国性总地志《大清一统志》，也说赤壁山在"嘉鱼县东北江滨"。此说后为清末著名地理学家杨守敬认同，他认为"赤壁当在嘉鱼县东北与江夏接界处"，且认为《大清一统志》"所定最确"。近现代的许多历史读物及教科书多采用此说，故影响颇大。

近年来，"蒲圻市西北说"渐趋上风，主要原因是：一、今湖北赤壁市赤壁山、洪湖乌林、监利古华容道的地理位置与地形，完全符合《三国志》所载的赤壁地形。二、南朝盛弘之《荆州记》和唐李吉甫《元和郡县图志》，对赤壁战地位置的记载，均与今赤壁市西北的赤壁十分吻合。三、蒲圻赤壁地区从南宋起便先后出土大量冷兵器，包括箭镞、弩机、刀、枪、剑、戟、钺等数百件，均非墓葬出土，考古学家据其形制与特点推断，这些兵器的年代属东汉末年无疑。事实上，《中华人民共和国地图》已将赤壁的位置标于蒲圻西北的长江南岸。不过，这仍不妨碍专家们发表不同的意见。

曹植究竟排行第几

曹操之子曹植（192—232）为三国时才华横溢的诗人。他文才出众，自幼能诵《诗经》《论语》及辞赋等数十万言，还特别善于写文章。有一次，曹操看了他的文章，有点不相信，问他是否请人代作，曹植回答说："言出为论，下笔成章，顾当面试，奈何请人？"正好邺城新建的铜雀台落成，曹操命儿子们以此为题，立就一篇赋。曹植援笔立成，使曹操对他的才学刮目相看。曹植"性简易，不治威仪。舆马服饰，不尚华丽。每进见难问，应声而对"，志向与才情都不同凡响，因而特别受到曹操的宠爱。曹操认为他是"儿中最可定大事"者，多次想立曹植为嗣。但曹植"任性而行，不自彫励，饮酒不节"，有一次坐车打开宫门外出，违反了曹操的禁令，曹操十分生气，"植宠日衰"。更为严重的是，赤壁战后，驻守襄阳的曹仁被关羽围困，曹操任曹植为中郎将，带兵前去救援，可是曹植正好饮酒大醉，不能执行任务。曹操大怒，从此对曹植大失所望，曹植也就失去为嗣的机会。事见《三国志·魏志·陈思王植传》。

有人以为，在实行嫡长子继承制的中国封建社会，曹植可立为嗣，应是曹操嫡妻所生的长子，但事实上不是。曹操并不很拘泥于封建礼教，向来主张唯才是举，因此选立太子没有严格按照排行，曹植之外，还曾想立五六岁便能巧妙称象的曹冲为太子，而曹冲只是环夫人所生的儿子，既非“嫡”也非“长”。

曹植不是嫡长子，那么他在曹操二十五个儿子中究竟排行第几？众所周知，曹植与魏文帝曹丕是一母所生的亲兄弟，曹丕妒忌曹植的才华，处处猜忌提防他，即位之后，对曹植倍加迫害。《世说新语·文学篇》记载了“七步诗”的故事。曹丕要曹植在行七步的短促时间中做诗一首，做不成就要“行大法”。曹植脱口成章：“煮豆持作羹，漉豉以为汁。其向釜下燃，豆在釜中泣。本是同根生，相煎何太急？”以萁豆相煎，比喻骨肉相残，其激愤之情，一览无遗。这使曹丕更加忌恨他，只是顾及母亲卞太后，才放他一条生路。这则故事使人们知道，曹植有同母兄曹丕，因而有人便想当然地认为曹植排行第二。如丁晏所编《曹集铨评》一书的《出版说明》（文学古籍刊行社出版）中即明言：“曹植，字子建，是曹操第二个儿子。”

但是，翻开《三国志·魏志·武文世王公传》，就能看到卞太后生四子，曹植之上除曹丕外还有任城威王彰。这曹彰自幼不爱读书，却善射御，力大过人，立志当一个披坚执锐、临难不顾的将军。他曾孤军远征，大破代郡乌桓，又击降鲜卑，平定北方，曹操称赞说：“黄须儿竟大奇也。”曹彰须黄，故称之。既然曹彰是曹植的哥哥，那么曹植的排行至少是第三。此说最为流行，一些大型工具书中也说曹植是曹操第三个儿子。

然而，卞后之前，曹操还有丁夫人与刘夫人，刘夫人生子曹昂与曹铄，因刘夫人早卒，曹昂等由丁夫人养育长大。建安二年（197），张绣降而复反，曹操与之交战，大败，曹操为流矢所中，“长子昂、弟子安民遇害”。《三国志·魏志·武帝纪》的这一记载，明言曹昂是曹操的长子。曹丕在《典论·自叙》中也说：“建安初……张绣降，旬日而反，亡兄孝廉子修、从兄安民遇害。”子修，曹昂的字，既然曹丕称他为兄，且是曹操长子，那么曹植之前，至少已有曹昂、曹丕、曹彰三人，因此，郭沫若在《论曹植》中说：“曹植，曹操的第四个儿子。”

《武文世王公传》记载，曹昂是“弱冠举孝廉”，那么他遇害那年至少是二十一岁，而当时曹植是六岁，两人相差十五岁之多。与曹昂一母所生的曹铄，既然母亲刘夫人早卒，他的年龄就不会与曹昂相差太多，也有可能比曹植年长。这样，曹植的排行应退居第五。

曹操的嫔妃有夫人、昭仪、倢伃、容华、美人五等，仅儿子就有二十五人之多。这二十五人中，是否还有长于曹植的异母兄？所以，曹植是否排行第五还很难说。事实上，如果没有新的史料问世，曹植的排行将一直是“难说”的。

《洛神赋》有何寓意

曹植，字子建，曾封陈王，谥曰“思”，世称陈思王。他是建安文学最负盛名的作家，刘宋诗人谢灵运曾说，假如天下的才共有一石，曹植一人就占八斗，此即成语“才高八斗”的出典。曹操曾认为，他是“儿中最可定大事”者，多次想立他为嗣，但曹植任性纵酒，最后失去了曹操的宠爱。而他的才华，又遭其兄曹丕妒忌，因而一再被贬

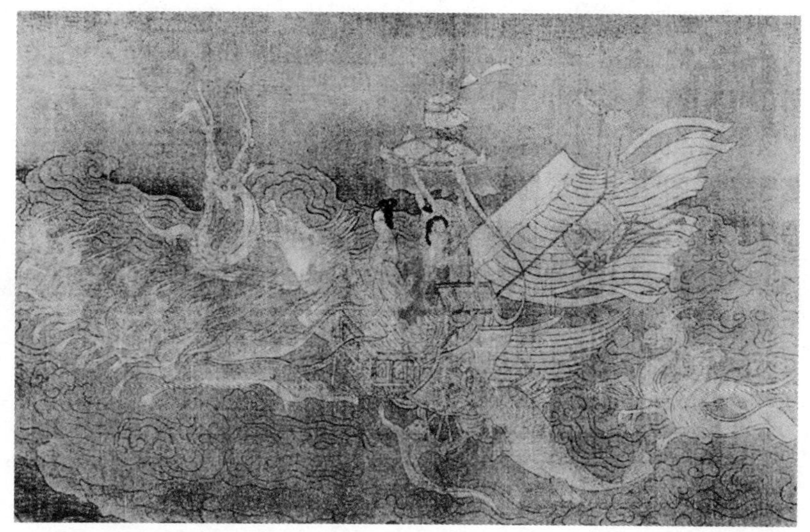

［晋］顾恺之《〈洛神赋〉图》(局部)

爵徙封，备受迫害。有名的《七步诗》，就是他在曹丕当政时境遇的生动写照。曹植虽愿“捐躯赴国难，视死忽如归”，却始终因遭猜忌而不被擢用，于是他终日“汲汲无欢”“常自愤怨”，寄情于诗歌辞赋的创作中，留下了许多千古名篇。

《洛神赋》是曹植辞赋中的上乘之作，也是中国文学史上广为传诵的名篇。洛神即洛水之神，相传为伏羲之女宓妃，因落水而为女神。在此赋中，曹植以浪漫的笔法和华美的词采，塑造了一个“翩若惊鸿，婉若游龙”的绝代无双的美人。她如初升的朝阳那样艳丽，又如出水的芙蓉那般纯洁；她举止娴雅，性格温柔，有轻云笼月般的朦胧美。曹植充分倾泻了自己对洛神的爱慕之情，在幻景中，他恍惚与洛神相会，诉说衷肠。但是“恨人神之道殊兮”，洛神只能和他告别，并深情地表示：“虽潜处于太阴，长寄心于君王。”最后，诗人只好带着惆怅的离情别绪，在晨光曦微中踏上归途。

此赋写于魏黄初四年（223），当时身为鄄城王的曹植，到京师洛阳朝觐皇上，即其兄魏文帝曹丕，想向皇上陈述领兵伐吴的志向。曹丕无意叙兄弟之情，不予单独接见。曹植怏怏不乐，怀着报国无门的苦闷心情返回封地。途经洛水时，写下《洛神赋》，借一个人神恋爱的悲剧，来抒发一腔衷情和怀才不遇的感慨。人们认为，《洛神赋》是“托辞宓妃以寄心文帝”“纯是爱君恋阙之辞”，赋中的“长寄心于君王”，显然是对曹丕而言。梁昭明太子萧统，把这篇情采风流、寓意深切的赋，收入《文选·情类》。

然而唐代李善为《文选》作注时，引用旧说，认为这篇赋是曹植为感念他的嫂嫂甄后（曹丕之妻，黄初二年，为曹丕遣使赐死。见《三国志·魏志·文昭甄皇后传》）而作，原名《感甄赋》。后曹丕之子魏明帝曹叡读后，为之改名《洛神赋》。此说一出，舆论大哗，小叔爱慕嫂嫂，臣子暗恋国母，既不义又不忠，简直是大逆不道。因而从古到今，都有人为曹植辩诬。有的认为，李善本无此注，是后人刊刻时误引。有的认为，甄后大曹植十岁，曹植爱上嫂嫂极不合情理。还有人指出，《感甄赋》确有其文，当时曹植为鄄城王，有可能写作《感鄄赋》，鄄城的“鄄”与甄后的“甄”通，遂讹为“感甄”。与此相反，仍有不少人对这段风流韵事宁信其有，不信其无。唐李商隐在诗文中，曾多次提到曹植“感甄”的情节，甚至认为“君王不得为天子，半为当时赋洛神”。一些小说传奇更着力渲染这一情节。在现代史学论文中，赞同“感甄说”的也不乏其人，郭沫若即在《论曹植》一文中，直言道：“子建对这位比自己大十岁的嫂嫂曾经发生过爱慕

［元］卫九鼎《洛神图》

的情绪，大约是无可否认的事实吧。”郭沫若认为，魏晋时男女关系较浪漫，曹植思慕甄后，并以她为《洛神赋》的写作模特儿，是完全可能的。还有人分析了甄后被杀、曹氏兄弟关系紧张等历史事实，认为曹植的“感甄”，是造成这一切的重要因素。另有人指出，赋中“长寄心于君王”句，“君王”是指赋中的“予”，即作者曹植。这是宓妃对“予”表示心迹之语，并不寄托君臣之道。

《洛神赋》的文学价值，世所公认。关于赋的寓意，却争论了千百年。看来，还会争论下去的吧。

曹冲称象了吗

曹冲字仓舒，是曹操二十五个儿子中的一个，环夫人所生。史书说他“辨察仁爱，与性俱生，容貌姿美，有殊于众”，因而特别得到曹操的宠爱。他十三岁时因病早夭，曹操极其伤心，对曹丕等人说：“此我之不幸，而汝曹之幸也。”意思是他属意的继承人是曹冲。所以，曹丕日后常说：“若使仓舒在，我亦无天下。”

曹冲最为著名的就是他“称象”的故事，《三国志·魏志·邓哀王冲传》卷二十中记载：曹冲“少聪察岐嶷，生五六岁，智意所及，有若成人之智。时孙权曾致巨象，太祖欲知其斤重，访之群下，咸莫能出其理。冲曰：‘置象大船之上，而刻其水痕所至，称物以载之，则校可知矣。’太祖大悦，即施行焉”。一个五六岁的孩子，就能利用浮力的原理来称量大象，这无论如何都够得上“神童”的表现了。宋代学者叶適《习学记言》议论此事就说：

大白象（《点石斋画报》）

● 曹操（《绘像三国志第一才子书》）

“仓舒童孺，而有仁人之心，并舟称象，为世开智物理，盖天禀也。”多少年来，人们对此深信不疑，赞叹有加，各类著述，尤其是儿童读物中反复引用此例，使之几乎达到家喻户晓、妇孺皆知的程度。但实际上，有关曹冲称象的记载是大可怀疑的。

早在清代，学者何焯就对曹冲称象之事提出质疑。他认为曹冲所称的象是孙权所献的，但在建安十三年（208）之前，也就是曹冲去世前，孙权不过只领江东六郡，哪来的大象？他还推断说：“置水刻舟，疑算术中本有此法。”邵晋涵也根据宋代吴曾《能改斋漫录》所引用的燕昭王“命水官浮大豕而量之”的事情断定“其事已在前”。

国学大师陈寅恪先生认为上述二说都“未得其出处也”，他指出，“《三国志》本文往往有佛教故事，杂糅附益于其间，特迹象隐晦，不易发觉其为外国输入者耳”。因此，曹冲称象的故事并非来自算术，而可能来自于佛经。北魏吉迦夜共昙曜所译《杂宝藏经》卷一云：“天神又问，此大白象有几斤？而群臣共议，无能知者。亦募国内，复不能知。大臣问父，父言，置象船上，著大池中，画水齐船，深浅几许，即以此船量石著中，水没齐画，则知斤两。即以此智以答天神。”陈寅恪先生认为，《杂宝藏经》虽是北魏所译，三国时还没有此书，但其书乃杂采诸经而成，其中记载，往往见于先后译出的佛典之中。这些早期佛典或译出而亡佚，或虽未译但其故事已口口相传，流传至于中土，于是附会为曹冲之事，以显其智。但大象是南方之兽，不是曹操境内所应有者，于是，又不得不取其事与孙权贡献相混合，这是比较民俗文学的通例。

当代学者陆敬严进一步指出：清人以建安十三年即曹冲去世年为据，来判断当时的孙权不可能有大象，事实上，根据《三国志》的记载，曹冲称象的时间还可确定得更准确，即曹冲五六岁的时候，也就是建安五年左右。当时的孙权还只是会稽太守，就更不可能有大象献给曹操了。亚洲象生活在印度，我国的云南也有，但无论从经济发展、交通运输、动物饲养等各方面看，当时的“中土”都不具备饲养大象的条件。

虽然，曹冲称象之事是正史所载；虽然，故事的细节很符合我国古代对浮力原理的理解；虽然，这一故事很能够鼓励人们从小就要热爱科学，但它在历史上毕竟属于子虚乌有之事，只能当作传说、故事，而不能作为信史流传。

● 林中之象（《点石斋画报》）

马超后裔是否远徙亚美尼亚

三国时期，马腾、马超父子皆是政治斗争中的悲剧人物。东汉建安十六年（211），马超与韩遂等西北名将，联兵十万进军潼关，反对挟天子以令诸侯的曹操。曹操收买韩遂，击败马超后，即把身在中央、官任卫尉的马腾杀死，并“夷三族”。在邺都及许昌的马氏家族遭到灭门之祸。马超辗转投靠汉中张鲁，及刘备入蜀，因见张鲁庸弱，“不足与计事”，又转奔蜀请降刘备，被封为平西将军。马超的家属留在汉中，在张鲁降附曹操时又被张鲁杀死。所以，后世常为马氏家族的厄运惋惜。

然而，当代史学家苏仲翔提出一个有关马氏家族的令人惊喜的新线索，即有一名马氏孤儿逃脱族诛之祸，且复兴马氏家族于异国。这就是亚美尼亚古国的著名历史学家摩西在他所著的《亚美尼亚史记》中记述的马抗。摩西享有亚美尼亚文学之父的美誉，一般认为他生活于公元5世纪。其著《亚美尼亚史记》，是亚美尼亚历史的开山之作，其中记述在公元2世纪时有中国侨民移居亚美尼亚，被安排定居于库尔德地区。在亚美尼亚的世族中，也有来自中国的华裔，如奥尔佩利家族，其祖先据说出自中国帝系，中国皇帝自称“朕——不毂”，因此他们被称为“朕不毂家族”。书中还记述另一出自华裔的世族，为“马米冈尼家族”，其始祖名马抗，是摩西诞生二百年前由中国迁去的。据称其父为中国帝王，名阿波格，马抗因罪出走波斯，中国向波斯追缉，马抗遂又离开当时由萨珊王朝开国之君阿尔达希尔一世统治的波斯，西奔至亚美尼亚。亚美尼亚王蒂里达特斯二世，将达隆省分封给马抗，亚美尼亚的马氏家族从此肇始。阿尔达希尔一世统治时期在公元226—240年，蒂里达特斯二世统治时期在公元217—238年，都在马氏族诛之后，时间相当。再参照马家姓氏、中国追缉、冒称帝王等情况，马抗之为马氏后裔，就若合符契了。至于“阿波格”之冒名，似乎又是马抗自称“伏波公”即伏波将军马援之后裔的字音演变。中国历史上名门巨族在政治变乱中遭到族诛之祸而终有幸运逃脱的孤儿之悲剧不一而足，民间历史演义小说中更是常有所见。三国时期马超家族后裔远遁亚美尼亚，并保存马氏一脉于亚洲西部之说，有亚美尼亚历史典籍可作依据，或许不至于流为荒诞。

刘备如何识诸葛

东汉末期，军阀混战，一些实力较强的军事集团击败对手，建立了根据地。当时曹操据有北方，孙权盘踞江东，唯有自诩为汉宗室之后的刘备，常寄人篱下，没有固定的立足之地。在这种情况下，刘备“思贤若渴”，“礼贤下士”，四处寻访能辅佐自己建立功业的贤才。有一位善于识别人才的名士司马徽告诉他：一般的读书人，怎懂得时

[清] 孙忆《三顾一遇图》

势？只有俊杰之士，才知晓天下大势。我们这里称得上俊杰的有卧龙（诸葛亮）与凤雏（庞统）。不久，颍川文士徐庶前来投奔刘备，刘备对他十分赏识。他却说我并没什么才能，我的朋友诸葛亮才是个杰出的英才，将军难道不想见见他？刘备原想让徐庶去将诸葛亮请来相见，徐庶却说，“此人可就见，不可屈致也，将军宜枉驾顾之”（《资治通鉴·建安十二年》）。于是，刘备带着关羽、张飞，亲自赴襄阳（今湖北襄阳市襄州区）城西二十里的隆中卧龙岗访诸葛亮。“凡三往，乃见。”促膝长谈后，大有相见恨晚之感，从此刘备获得诸葛亮的鼎力辅佐，终于“三分天下有其一”，建立蜀汉政权。此即刘备“三顾茅庐”访诸葛的故事。这是个有史料根据的故事，诸葛亮在《出师表》中曰：“先帝不以臣卑鄙，猥自枉屈，三顾臣于草庐之中，咨臣以当世之事。”陈寿《三国志》亦取此说。千百年来，“三顾茅庐”成为求贤若渴的典范、尊重人才的代名词。“三顾”才使“鱼水合”，也成为一种历史定说。

然而，魏人鱼豢所著《魏略》认为，诸葛亮归附刘备乃是“亮诣备”的结果。当时，刘备依附荆州牧刘表，屯兵于樊城。刘表懦弱无能，不晓军事，曹操雄心勃勃，欲统一全国。诸葛亮预见曹操会攻击荆州，便北行见备，陈述方针大计。刘备初见诸葛亮，以其年少，待以诸生之礼，态度冷淡。不料，诸葛亮分析时局，提出“游户自实以益兵众”的对策，讲得头头是道，且多合刘备之意。刘备“由此知亮有英略，乃以上客礼之”。鱼豢所记并非孤证，西晋司马彪《九州春秋》也有相同记载。由此，人们对“三顾茅庐”说产生了怀疑：建安十二年（207），诸葛亮才是个二十七岁的青年，已有一定实力的“皇叔”刘备，岂肯如此屈节？诸葛亮既然有腾飞之志，又以为刘备值得辅佐，何必两次避而不见？

有的学者认为，“晋见说”符合历史真实。理由如下：一、诸葛亮终生积极进取，高卧隆中，是“尺蠖之屈，以求伸也”。当时曹操、孙权各有智囊集团，刘表并无雄才大略，不能给诸葛亮施展抱负与才能的机会。而刘备虽寄人篱下，但声名远扬，不失为人中之主，符合诸葛亮的择主标准。因此，当曹操旌旗南指的燃眉之际，诸葛亮北行见备，提出切实可行的建议，从而得到刘备赏识，是完全可能的。二、鱼豢《魏略》成书早于《三国志》，作者是当代人录当代事，所获史料相对《三国志》而言，较为可靠。且《魏略》以史料丰富、态度严谨见长，裴松之注《三国志》时引此书最多，西晋史家司马彪经审慎详察，也取鱼豢

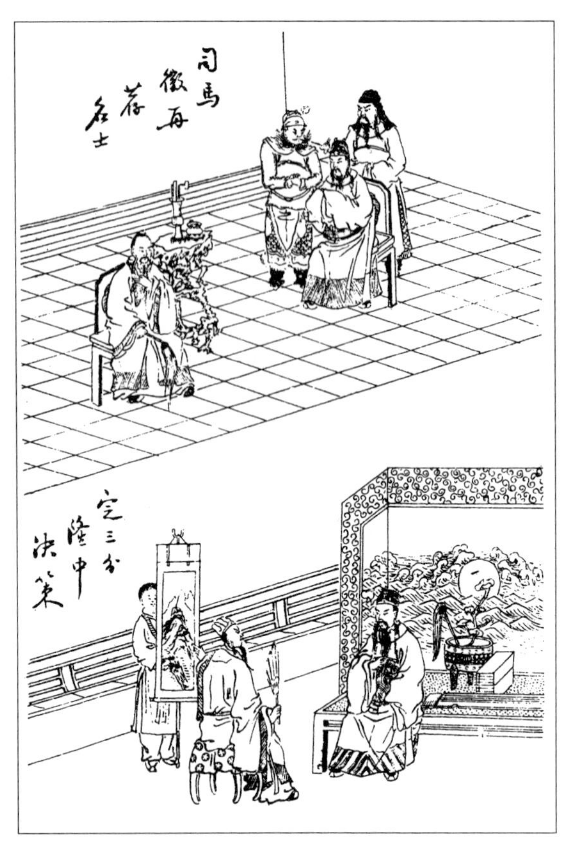

隆中对（《绘像三国志第一才子书》）

之说，可见此说可靠。至于陈寿《三国志》为什么取“三顾”说，一则是取之于《出师表》，再则是因此说更符合封建伦理道德观念，更能显出刘备的德行与诸葛亮的清名。三、诸葛亮在《出师表》中作“三顾茅庐”说，用意在于强调自己推行的方针策略，是先帝所赏识、肯定的，以此统一军心、民心，激励斗志，以期完成北伐大业。

还有人持两可之论，认为“三顾茅庐”与“亮诣备”，均有可能。清洪颐煊《诸史考异》云，诸葛亮初见刘备于樊城，刘备以礼待之，但并未十分器重他。后经徐庶推荐，刘备才三顾见亮，两人情好日密，备委亮以军国大计。诸葛亮对刘备的知遇之恩，亦甚为感激，因而记入《出师表》，使人忽视了“三顾”前的“晋见”。

长期以来，由于三国故事有浓厚的传奇色彩，也由于刘备求贤若渴、谦逊待人的风度，更符合社会心理，因此“三顾茅庐”说压倒“北行见备”说而广为流传。至于历史的本来面目究竟如何，毕竟是要严肃考证的。

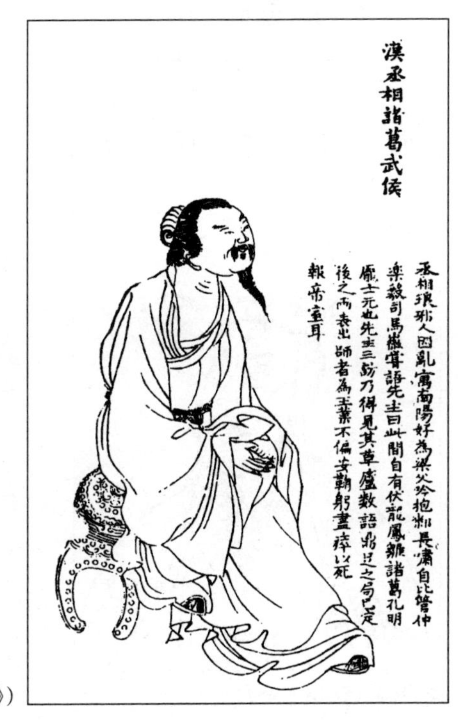

诸葛亮（《无双谱》）

刘备曾向孙权借过荆州吗

刘备向孙权借荆州，并以此为据点发展壮大势力，最终形成了三国鼎立局势。这一说法，随着《三国演义》的广泛流传，已经是家喻户晓的了。但是，杜建民提出，这是一桩以讹传讹的历史错案，刘备确实曾占据荆州十年之久，但那是靠他自己的军事力量拼死攻伐征战夺得的，并非借自孙权。

● 刘备（《三才图会》）

三国时期吴国的史官韦昭撰修的《吴史》记载：汉献帝建安十九年（214），刘备西取益州，命关羽留守荆州。当时，东吴鲁肃谒见关羽，索讨荆州。他说：赤壁之战前夕，刘备兵败长坂坡，逃窜渡江，依附孙权，“主上（孙权）矜愍豫州（刘备）之身无有处所，不爱土地士人之力，使有所庇荫，以济其患。而豫州私独饰情，愆德堕好。今已藉手于西州（指益州）矣，又欲翦并荆州之土。斯盖凡夫所不忍行，而况整领人物之主乎！肃闻贪而弃

● 诸葛亮（南薰殿石刻）

义，必为祸阶”。韦昭的记载首开“借荆州”之说。继而，晋初虞溥在《江表传》中说：赤壁之战后，“周瑜为南郡太守，分南岸地以给备。备别立营于油江口，改名为公安……备以瑜所给地少，不足以安民，复从权借荆州数郡”。又重复了此说。稍后，陈寿修《三国志》时因袭了“借荆州”说，于是，此说便成为定论，后人也深信不疑。

清代考史大家赵翼在他的名著《廿二史劄记》中辨讹纠谬，将“借荆州”说断为错案，他说：“借荆州之说，出自吴人事后之论，而非当日情事也……吴君臣伺（关）羽之北伐，袭荆州而有之，反捏一借荆州之说，以见其取所应得。此则吴君臣狡词诡说，而借荆州之名遂流传至今，并为一谈，牢不可破，转似其曲在蜀者，此耳食之论也。”赵翼指出了问题的关键所在：“夫借者，本我所有之物而假与人也，荆州本刘表地，非孙氏故物。”从史实看，自汉献帝初平元年（190）诏拜刘表为荆州刺史，到建安十四年刘表领荆州牧止，东吴的二世三主即孙坚、孙策和孙权，从未占有过荆州七郡中的一郡之地。据此而论，荆州本非孙权之物，又何借之有？

东汉时的荆州共辖七个郡，即南阳、南郡、江夏、零陵、桂阳、武陵、长沙，差不多囊括了今湖北、湖南两省全境和河南、广东、贵州三省边境一隅，地域相当辽阔。东汉末，此七郡已被刘表控制，直至建安十三年曹操南征，七郡中除南阳郡部分县邑被曹操蚕食外，其余各郡仍在刘表统辖下，孙氏父子从未占有过荆州一郡。由于荆州战略地位重要，孙权颇有侵夺之心，曾于建安八年、十二年、十三年三次西征，因曹操的南下，没能最终得手。至此，荆州江北三郡暂归曹操，而江南四郡仍在刘表旧部手中。

关羽（《三才图会》）

赤壁之战，曹操惨败，沿长江一线和江北华容两路溃退。孙、刘联军从水陆两路追击，周瑜和刘备各率其主力沿江西进，直抵江陵。大家都想抢占土地，扩充实力。此时，周瑜战略失误，在江陵与曹仁统率的留守大军进行决战，两三万兵力被牵制一年余，伤亡惨重。而刘备却避实就虚，绕开江陵，挥师南下，一举攻占了刘表旧部所镇守的荆州江南四郡。《三国志·蜀志·先主传》记载：“先主表琦为荆州刺史，又南征四郡，武陵太守金旋、长沙太守韩玄、桂阳太守赵范、零陵太守刘度皆降……琦病死，群下推先主为荆州牧，治公安。”在《武帝纪》《诸葛亮传》《吴主传》《周瑜传》中，也都有刘备占有江南四郡的类似记载。因此，荆州的江南四郡是刘备以军事力量夺得，根本不是像虞溥等所说的周瑜“分南岸地以给备，备以瑜所给地少，不足以安民，复从权借荆州数郡”。

至于荆州江北三郡的归属就比较复杂。江夏郡与江东比邻，赤壁之战后，孙权捷足先登，举而有之。此后，江夏一直为东吴据有，刘备从未涉足。

南阳地接中原，赤壁之战之前已遭曹操蚕食。战后，曹军重兵把守南大门襄阳，孙、刘两家都未能染指地处襄阳之北的南阳。直至建安二十四年关羽北伐，围攻襄阳，仍未能跨进南阳郡，此郡始终为曹操所有。

周瑜（《三才图会》）

南郡的郡治江陵被曹仁死守一年余后，终于因曹仁的弃城北归而为周瑜占领，孙权以周瑜为南郡太守。此时，刘备已攻占了荆州四郡，率主力屯公安，与周瑜隔江相望。而关羽统率了一支军队也在江北驻扎，这样，刘备与关羽隔江而成掎角，对周瑜造成夹击之势。孙刘两家为争夺南郡必将兵戎相见。但是，此时的刘备已实力大增，曹操在北方也不甘心就此罢休，孙权担心两面受敌，就采取鲁肃的建议，维护孙刘联盟，从南郡撤兵，还“进妹固好”。周瑜因剑创而死后，程普继任南郡太守。不久，程普还领江夏太守，将南郡让于刘备，刘备遂命张飞为南郡太守。

可见，荆州七郡中，孙刘两家直接发生利害冲突的只有南郡，所谓“借荆州”之事，涉及的也仅仅是南郡一地。其余为刘备所占的荆州之地，都是刘备从曹操和刘表旧部手中夺来的。

那么，为什么会有一个煞有介事的“借荆州”之说呢？杜建民认为，对东吴来说，荆州是西境的门户，因而始终是孙权的争夺目标。于是就乘关羽北攻襄阳，后方空虚之际，派吕蒙率军偷渡长江，袭取江陵，截杀关羽，全举荆州。为了证明此举的合法性和正义性，就捏造一个刘备“借荆州”之说。就如赵翼所说的“反捏一借荆州之说，以见其取所应得”。

流传千余载的“借荆州”之说，是不是可以断定为讹传了呢？

马谡该当何罪

蜀汉建兴六年（228），蜀相诸葛亮兴兵北伐，试图统一全国。蜀军兵强将勇，号令明肃，所到之处势如破竹，关中为之大震。魏明帝亲自坐镇长安，派大将曹真、张郃率军抵御蜀兵。诸葛亮以马谡为前锋，率二万五千精兵守街亭（今甘肃庄浪东南），并再三叮咛，守住街亭，即为攻取长安第一功，务必在冲要之地安营，使敌军不能偷过。马谡“违亮节度，举动失宜”，不在当道设寨，却在山上安营。副将王平苦谏：这里远离水源，若魏兵骤至，四面围定，将何策保之？马谡不听，认为“依阻南山，不下据城”是兵法所示，敌军若来，正好凭高视下，杀他个片甲难回。王平无奈，要求分兵五千，在山下设一小寨。不久，张郃率军至，围山断水，又沿山放火。蜀军大乱，马谡禁止不住，弃营逃奔。王平力穷势孤，难以救援，街亭失守。魏军趁势长驱直入，大败蜀军。街亭之败，使诸葛亮失去进取中原的据点和有利形势，遂引兵退回关中。第一次出兵祁山，就这样失败了。事后，诸葛亮自贬三等，又下令处死马谡。《三国志·蜀志·马谡传》裴注引《襄阳记》记载说，当时蒋琬劝阻曰：“天下未定而戮智计之士，岂不惜乎！”诸葛亮流着眼泪回答：“孙武所以能制胜于天下者，用法明也。……（今）四海分裂，兵交方始，若复废法，何用讨贼邪！”坚持以军法从事。这便是家喻户晓的“失街亭”“挥泪斩马谡”的故事。

近年来，不断有人提出：失街亭的责任究竟该由谁负？是马谡的过失导致北伐关键战役的失败吗？由此争论遂起。

有的学者指出，马谡在当时是一个不可多得的将才，他自幼喜欢学习兵法，谈起军事理论头头是道。虽然他没有统兵独当一面的经验，但遇到强敌，采用居高临下的军事布局，从街亭的地形与兵法原则两方面看，都是正确的。街亭失守有多方面原因，不能简单归结为马谡的指挥失误。再说，马谡兵败后并没有畏罪投敌，还上书诸葛亮曰：“明公视谡犹子，谡视明公犹父，愿深惟殛鲧兴禹之义（意为善待其子），使平生之交不亏于此，谡虽死无恨于黄壤也。”他甘愿领罪的诚意，使“十万之众为之垂泣”。对于一个经验不足、犯了错误又承认错误的人，诸葛亮没有给他改过机会，便“戮谡以谢众”，实在没有必要。

更多的学者坚持传统的说法，认为马谡死罪难逃。马谡自以为熟读兵书，高人一筹，临阵独断独行，既不遵循诸葛亮的正确部署，又不采纳王平的苦苦劝谏，弃城不守，舍水上山，自以为是实践“置之死地而后生”的兵法。他的行为证明，他是一个“成事不足，败事有余”的赵括式人物，他的轻敌自大导致丧师误国，罪应伏诛。据说马谡领命为前锋时，立过军令状，表示若有失误便“乞斩全家”。军中无戏言，诸葛亮以军法从事，名正言顺。还有人指出，马谡罪在必诛，但不是因为一战之败，而在于他在战争关键时刻违抗上级的正确指挥，又在危急时弃阵逃跑，按当时的军令，违抗节度与临阵退却都是死罪。

马谡被斩，实为罪有应得。

也有人认为，在这一历史事件中，诸葛亮本人难辞其咎。首先，刘备早已看出马谡志大才疏，临终前告诫诸葛亮曰："马谡言过其实，不可大用，君其察之！"但诸葛亮没有在意，仍付以前锋重任，致使街亭大败。晋史家习凿齿评说："先主诫谡之不可大用，……亮受诫而不获奉承。……为天下宰匠，欲大收物之力，而不量才节任，随器付业。知之大过，则违明主之诫，裁之失中，即杀有益之人，难乎其可与言智者也。"诸葛亮自己也在《街亭自贬疏》中自责："不能训章明法，临事而惧，至有街亭违命之阙，箕谷不戒之失，咎皆在臣授任无方。"他虽然也指责马谡"违命"，但他作为主帅，选将不当，授任无方，应负更大的责任。其次，马谡抢占制高点，在兵法并无错失。他同意王平分兵扎寨，形成掎角之势，也不失为应变之计。如果当时诸葛亮派后续部队及时参战，形成一种山上弩机齐发，箭下如雨，王平在强弩掩护下反击，后续部队对张郃实施反包围的局面，那么街

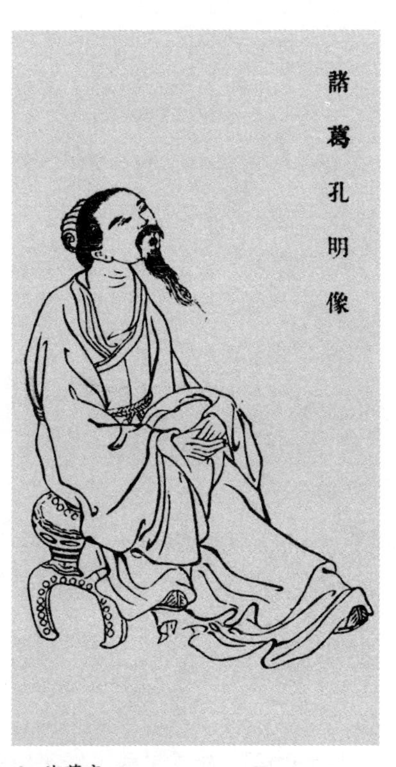

诸葛亮

亭之战会是另一种后果。诸葛亮让马谡成为远悬于外的孤军，自己屯兵祁山，滞留不前，加速了马谡的覆败。因此《三国志》的作者陈寿说诸葛亮“可谓识治之良材，管、萧之亚匹”，但又指出：“应变将略，非其所长欤！”显然对诸葛亮的军事指挥才能持否定态度。即便如一些人所说陈寿对诸葛亮有成见，这一评价恐怕也不是毫无根据的妄谈。

然而，黎东方却提出了疑问：“马谡究竟是不是被斩？”其根据是，《三国志》的作者陈寿在同一本书中提供了三种不同的说法。

第一种说法来自《三国志・蜀志・诸葛亮传》：“亮使马谡督诸军在前，与郃战于街亭。谡违亮节度，举动失宜，大为郃所破。亮拔西县千余家，还于汉中，戮谡以谢众。”据《马谡传》裴松之注引《襄阳记》所载，当时蒋琬劝阻说：“天下未定而戮智计之士，岂不惜乎！”而诸葛亮流泪答曰：“孙武所以能制胜天下者，用法明也……（今）四海分裂，兵交方始，若复废法，何用讨贼邪！”坚持下令处死马谡，又上表自贬三等。《三国志・蜀志・王平传》也证实了这一说法：“（平）属参军马谡先锋，谡舍水上山，举措烦扰，平连规谏谡，谡不能用，大败于街亭。众尽星散，惟平所领千人，鸣鼓自持……率将士而还。丞相亮既诛马谡及将军张休、李盛，夺将军黄袭等兵，平特见崇显，加拜参军。”马谡失街亭后被斩杀，这是《资治通鉴》所采用的观点，也是最为流行的观点。

第二种观点来自《三国志・蜀志・马良传》：“亮违众拔谡，统大众在前，与魏将张郃战于街亭，为郃所破，士卒离散。亮进无所据，退军还汉中。谡下狱物故，亮为之流涕。”古汉语中“物故”一词，虽然可以泛指死亡，但是大多是指生病死亡，死于非命一般都不用“物故”。且从字里行间看，马谡似乎是关在牢里后死在牢里的，因此用物故一词，而物故与斩首的意思毕竟还有所不同。

诸葛亮

第三种说法来自《三国志·蜀志·向朗传》：“丞相亮南征，朗留统后事。五年，随亮汉中。朗素与马谡善，谡逃亡，朗知情不举，亮恨之，免官还成都。”裴松之在此处注曰：“朗坐马谡免长史，则建兴六年中也。”建兴六年正是马谡失街亭那年，因此，此处所指的“谡逃亡”，与失街亭有关无疑。显然，这一说与传统说法大不相同，历来谈三国史的人也都不曾注意这段话。

马谡失街亭后畏罪逃亡了吗？如果他逃了，那么诸葛亮如何斩他？如果马谡没有逃亡，那么向朗缘何被免职？对此，遍阅《三国志》不得其解。倒是常璩的《华阳国志》另有说法：“长史向朗以不时臧否，免罢。”向朗说了什么不合时宜的话呢？常璩又语焉不详，还是任乃强在注中解释道：“盖朗与谡同县人，实惜谡才，知亮执法严，不得免，劝之使逃，故亮恨之。而谡匿未久，复出就刑，故亮免朗表文，但责其‘不时臧否’人物，讳谡逃亡事。蜀人或传诵其表，常氏据之，故与《陈志》不同耳。”照此说法，马谡先是接受向朗建议畏罪潜逃，后又自首就刑，而诸葛亮既不愿让天下人知道马谡的逃亡，又实在想惩罚教唆犯向朗，于是只好以“不时臧否”为罪名而免其职，马谡，还是被斩了。

马谡自然是在失街亭之后死了，但何以致死，看来并不如在传统京剧《失街亭》《空城计》《斩马谡》三部曲中表现得那样顺理成章，也不像《资治通鉴》中描写得那样肯定。这个家喻户晓、本来不是问题的问题，在细心的研究者眼中，也成了一个尚待破解的谜了。

史上是否有木牛、流马

《三国演义》第一百零二回中，有诸葛亮制造木牛、流马的描述，说这种运输工具“搬运粮米，甚是便利，牛马皆不水食，可以昼夜转运不绝”。司马懿闻报，派人去抢了数匹，命巧匠仿制二千余匹，并让军士驱驾木牛、流马，到大本营搬运粮草，往来不绝。谁知诸葛亮派人以魏军打扮混入运粮队，暗中将木牛、流马口中舌头扭转，牛马便不能行动。正当魏兵疑为怪时，诸葛亮又派五百军士扮作神兵，鬼头兽身，以五彩涂面，边燃放烟火，边驱牛马而行。魏兵目瞪口呆，以为诸葛亮有神鬼相助，不敢追赶，诸葛亮轻而易举地获得许多粮草。这么神奇的运输工具，在当时可算是巧思绝作了，因而有诗赞曰：“剑关险峻驱流马，斜谷崎岖驾木牛。后世若能行此法，输将安得使人愁？”由于《三国演义》描绘得太奇妙，以至于不少人认为，所谓木牛、流马纯系小说家的杜撰。

查考史书，可见诸葛亮确实制造过木牛、流马。《三国志·蜀志·诸葛亮传》记载：“(建兴)九年(231)，亮复出祁山，以木牛运，粮尽退军……十二年春，亮悉大众由斜谷出，以流马运，据武功五丈原，与司马宣王对于渭南。”上述记载没有《三国演义》描绘得那么神奇，但从中可见诸葛亮以木牛、流马运粮的历史事实。

木牛、流马究竟为何物?《诸葛亮集》中的一段文字，应是可靠的资料：“木牛者，方腹曲头，一脚四足，头入领中，舌著于腹。载多而行少，宜可大用，不可小使；特行者数十里，群行者二十里也。曲者为牛头，双者为牛脚，横者为牛领，转者为牛足，覆者为牛背，方者为牛腹，垂者为牛舌，曲者为牛肋，刻者为牛齿，立者为牛角，细者为牛鞅，摄者为牛鞦轴。牛仰双辕，人行六尺，牛行四步。载一岁粮，日行二十里，而人不大劳。”这段记载，虽对木牛形象作了描绘，下文还对流马的部分尺寸作了记载，但因没有任何实物与图形存留后世，多年来，围绕着木牛、流马，人们作过许多猜测。

一种意见认为，木牛、流马是经诸葛亮改进的普通独轮推车。这种说法，源自《宋史》《后山丛谈》《稗史类编》等史籍，意谓木制独轮小车在汉代称为鹿车，诸葛亮加以改进后称为木牛、流马，北宋才出现独轮车之称。此说还以四川渠县蒲家湾东汉无名阙背面的独轮小车浮雕等实物史料为佐证，认为这些东汉的独轮车，都再现了木牛、流马的模样。

一种意见认为，木牛、流马是新颖的自动机械。《南齐书·祖冲之传》说：“以诸葛亮有木牛流马，乃造一器，不因风水，施机自运，不劳人力。”这是指祖冲之在木牛流马的基础上，造出更胜一筹的自动机械。以此推论，三国时利用齿轮制作机械已为常见，为后世所推崇的木牛流马，不可能是汉代已有的独轮车，而是令祖冲之感兴趣的、运用齿轮原理制作的自动机械。

第三种意见认为，木牛、流马是四轮车和独轮车，但是何者四轮、何者独轮，观点却截然相反。宋代高承《事物纪原》卷八说：“木牛即今小车之有前辕者；流马即今独推者是，而民间谓之江州车子。”而范文澜则认为，木牛是一种人力独轮车，有一脚四足。所谓一脚就是一个车轮，所谓四足，就是车旁前后装四条木柱；流马是改良的木牛，前后四脚，即人力四轮车。完全相左的论断，真叫人无所适从。

还有一种争论，更有意思，即木牛和流马究竟是一物，还是两物。如谭良啸认为，木牛和流马是一回事，是一种新的人力木制四轮车；王开则认为，木牛与流马是两种东西，前者是人力独轮车，后者是经改良的四轮车。王湔也认为，二者同属一物，并制造出一种具有牛的外形、马的步态的模型。陈从周等则勘察了川北广元一带现存古栈道的遗迹、宽度、坡度及承重等数据，认为二者乃二物：木牛有前辕，引进时有人或畜在前面拉，后面有人推；流马与木牛大致相同，但没有前辕，不用人拉，仅靠推力行进，外形似马。

上述种种，不一而足，究竟何说最符合木牛流马的原貌，至今仍难评说。诸葛亮若泉下有知，定会后悔当初未曾留下详细的制作图解。

何为八阵图

《三国演义》第八十四回云：蜀汉章武元年（221），刘备为报东吴袭破荆州、杀死义弟关羽之仇，出动大军，欲一举扫平东吴。次年，东吴大将陆逊火烧蜀军连营七百里，刘备大败，仅率百余人逃至白帝城。陆逊乘胜追击，入蜀境至夔关，只见前面临山傍江，一阵杀气，冲天而起，似有无数伏兵。陆逊急退至地势空阔处，以御敌军。不久，探马报告，前方并无一兵一卒，江边只有乱石八九十堆；土人也告知，江边乱石乃诸葛亮以石排成的阵势。陆逊听罢大笑，认为：“此乃惑人之术，有何益焉？”遂引数骑直入石阵观看。突然，狂风大作，一霎时飞沙走石，遮天盖地。但见怪石嵯峨，槎枒似剑，横沙立土，重叠如山，江声浪涌，有如剑鼓之声。陆逊大惊失色，却无路可出。正危急时，陆逊遇见诸葛亮的岳父黄承彦，此翁平生好善，动了恻隐之心，将他从“生门”引出，并告之此阵名“八阵图”，变化多端，可比十万精兵，且不能学。陆逊感叹说：“孔明真‘卧龙’也，吾不能及。”于是下令班师。千百年来，八阵图与诸葛亮的神机妙算连在一起，极具神秘色彩。杜甫曾凭吊当年诸葛亮布下的八阵图遗址，有诗曰：“功盖三分国，名成八阵图。江流石不转，遗恨失吞吴。”足见后人对八阵图的高度评价。那么，历史上的八阵图究竟是怎么回事？它有没有如此神威呢?

有人认为，八阵图并不如《三国演义》中描写的那样神秘，只是一种行军、作战和宿营的章法。诸葛亮要求部队“止如山，进退如风”，能调动自如，因此严格约束军队，对蜀军的行军、作战、扎营、挖井、垒灶、掘壕、设障均作出规定，其八阵图是这些规定的实施方法。司马懿曾视察过蜀军留下的营地，连声称赞诸葛亮是“天下之奇才也”。西晋李兴指出:“推子(诸葛亮)八阵，不在孙、吴(孙子、吴起兵法中所无)。”八阵图是诸葛亮的一项重要创造。

有人认为，八阵图是我国最古老的作战阵法“丘井之法”的延伸与发展。“丘井之法”创始于传说中的黄帝，按“井”字形设置，由前、后、左、右、中五个小方阵，合成一个大方阵，大将在其中。战国时期，著名军事家孙膑，在“丘井之法”基础上创造了八阵法，西汉时，八阵已是一常用军事术语，东汉大将窦宪曾布八阵击败匈奴。三国时，诸葛亮在原有基础上把八阵

诸葛亮(《晚笑堂画传》)

的排列提高到一个新的水平，以纵横排列的六十四个战术单位，组合成一个大方阵，内分天、地、风、云、龙、虎、鸟、蛇八阵，与一中军阵。阵后又设二十四队游骑，配合大方阵作战。应该说，八阵图是诸葛亮对孙膑以来八阵法的总结与升华，是对古代阵法理论的继承与发展。

八阵图为什么会有神秘莫测的威力？有人认为，八阵图的神秘感来自其布局的复杂性。八阵按八卦原理布置兵力，分为休门、生门、伤门、杜门、惊门、景门、死门、开门。其中生门、景门、开门为吉门，其余均为凶门。此阵法共用马步军二万四千人，五十人为一队，每个马军占地四步、步军占地二步，十人一列，呈面对面、背对背状。马步军可以根据需要互相变换位置，改变阵容，具有切割肢解、各个击破的威力。八阵图还设有石块或辎重等障碍和掩体，迂回曲折，能有效地阻挡敌骑进攻的锐势。随机而变的阵容，机动灵活的兵力，紧相呼应的配合，可分可合的布局，再加上高屋建瓴的指挥，使八阵图具有不可低估的威力，因而成为诸葛亮领兵作战的常用阵法。

又有学者根据《三国演义》中的描述，从心理学角度分析，指出构成八阵图神秘性的三大要素：一、诸葛亮巧妙利用复杂的自然条件，将八阵图布置在江边，傍晚，江风裹挟着浪涛声在乱石中回荡，犹如此起彼伏的战鼓声与呐喊声，首先就具有一种震慑人心的气势。二、石堆按兵书布成八卦阵，结构奇特，如同迷宫，人马走入其中，便不辨东西，加上江风在石堆上串卷，易形成旋风并扬起沙石，遮天盖地，犹如千军万马奔杀而来。三、敌军本来就怀有怕中埋伏的心理，进入八阵图，迷失了方向，心慌意乱中，便觉得阵中危机四伏，处处都有出其不意的袭击，事后也难拂这种恐惧。因此，把此阵看得神乎其神，实际上只是对意义不明的事物的一种心理反应。

八阵图的概貌，我们还可以从前人的记载中略知一二。如苏轼在《东坡志林》中记道："自山上俯视，百余丈凡八行，为六十四蕝，蕝正圜，不见凹凸处，如日中盖影。予就视，皆卵石，漫漫不可辨，甚可怪也。"但八阵图在战争中的实际运用，现在所知甚少。或许随着历史研究的发展，将揭示这份遗产中更为珍贵的东西。

马钧改革织绫机

马钧，字德衡，魏扶风（治今陕西兴平东南）人，是三国时机械制造家。他出身贫寒，读书不多，却能结合生产实践，钻研机械原理，有“天下之名巧”“巧思绝世”之誉。他改进用于农田园圃灌溉的翻车，使之连续提水，效率超过其他提水机好多倍。他还制作失传已久的指南车，试制用于军事的连弩和发石车。相传，有人献给魏明帝一种百戏塑型，精致美观，但不会动，马钧以木材作原动轮，用水力推动，成为“水转百戏”，能带动塑型女乐翩翩起舞，木人击鼓吹箫，还有跳丸掷剑、攀绝倒立、舂磨斗鸡等各种形象，其精巧程度令人叹为观止。时人傅玄认为，马钧的技艺超过古时的鲁班和近世的张衡。

马钧最杰出的工艺成就之一，是对织绫机的改造。西汉时，陈宝光妻创造一种织绫的提花机，有一百二十综，一百二十蹑。一综控制一组经线，蹑是操纵综的踏板。当时的效率是六十天织绫一匹，后改进为六十蹑或五十蹑，工效也提高了一些。马钧仍嫌其丧功费日，就将它改造成十二蹑，生产效率提高了四五倍。所织提花绸，图案对称，花型变化无穷，可与著名的蜀锦相媲美。傅玄形容说：“其奇文异变，因感而作者，犹自然之成形，阴阳之无穷。”（《三国志·魏志·杜夔传》裴松之注）

令后人疑惑不解的是，马钧是如何改革织绫机的？有人认为，旧织绫机是多综多蹑机，是用踏脚板控制综框，从而使经线提升。而马钧把它改造成为束综提花机，即把提花的任务由综框转给了束综。所谓十二综、十二蹑，是指专管束综运动的综框及其踏脚。但有人反对这种推测，因为从汉墓出土的杯形菱纹提花罗，已分粗细两档线条，粗纹花纹挺秀，细纹工整精巧，整幅织物图纹清晰，花地分明，说明当时的罗织机已有提花束综装备，提花工艺已相当成熟。如果在马钧之前已有束综提花，那么说马钧的贡献是把旧绫机改为束综提花机，即不能成立。

另有人分析大量三国时代的出土提花丝织物，认为马钧发明的是组合提综法，改革的关键是以十二条踏脚控制六十片综框。人们以绘图来表明吊综和挽线联结法的复原方案：如果二条踏脚循序控制一片综的运动，那么由十二中任选二，即可得组合数六十六。这样，十二条踏脚就能控制六十多片综，犹如十天干与十二地支配合，可形成甲子一样，变化无穷。这种推测虽然巧妙，也能自圆其说，但却没有与之相印证的图像实物或文字记载，因而也未能为学者们一致接受。

旧绫机的构造究竟如何？马钧是怎样对其进行改造的？这些问题迄今为止仍只能推测、猜想，科学技术史界特别是治古代纺织史的学者更进一步的探研将会得出更新的结论。

魏晋以前的人如何骑马

现代人即使很少骑马，但对骑马的架势还是了解的：双脚踏紧马镫，双腿夹紧马腹，双手控制缰绳，然后就可以纵横驰骋了。我们也常常在影视剧中看到这样的场面：一战将翻身落马，而一脚还插在马镫中，被受惊的战马拖曳狂奔……显然，骑马时，马镫是必不可少的装置，它起到了帮助骑马者上马、在马上保持平稳、稳定身躯、以利奔驰的作用。有了它，骑兵可以挥舞长矛，弓箭手可以纵横骑射，因而被西方科学家称为“过去两千年间最伟大的发明之一”。但是，马镫却不是与骑马这项运动以及其他马具同时产生的，学者骆晓平综合各方面的史料，作了如下分析：

● 汉人骑马图（《汉代画像石》）

首先，从考古发掘来看，直至三国时期的画像和器具中，都没有发现有马镫的图像、造型和实物。山东沂南曾发掘出一座属于曹魏时期的石墓，其墓壁上有一幅反映马夫在马厩中喂马的石刻画像。马厩中挂着各种各样的马具，包括鞍鞯、革靮、络头、革带以及装饰用的璎珞等，而唯独没有马镫。近年来，在四川的成都、乐山等地也陆续出土了一些两汉时期的陶马，它们造型逼真，马背上的鞍鞯都清晰可见，但是仍然没有能够找到马镫。其他地方出土的三国时期的马具实物，也往往只见衔辔靮勒而不见马镫。然而到了西晋时期，情况就发生了变化，20 世纪 50 年代末，在湖南长沙发现的西晋永宁二年（302）墓葬中，有一批陶俑，其中的十四人骑着马，引人注目的是，有三匹陶马的左侧各悬有一只三角形的小镫。有人说这是我国发现最早的马镫，但若仔细观察，人们可以看到这小镫只见于马的左侧，马的右侧就没有，而且，马背上的乐工俑的脚并没有踏在小镫中，镫只是高悬于骑者脚部的前上方。这说明，这小镫只是用来供骑者上马用的，犹如古代的“上马石”，而不是用来在马上稳定身体的。因此，这小镫充其量只是马镫的初期形式。1995 年辽宁出土的冯素弗墓中，有一副今天所见最早的名副其实的马镫，这是由鎏金铜片包裹的桑木心马镫，其形状仍保留着西晋陶俑上那种单镫的三角形模样，而不是后世马镫普遍采用的马蹄形。墓主冯素弗是十六国时期北燕文成帝的弟弟，因此可以断定，到南北朝时期，真正的马镫已经出现了。

再从传世文献来分析：“镫”字产生较早，先秦典籍中已不乏使用，如《仪礼 · 公食大夫礼》中有“宰右执镫”句，这是指古代一种形似高足盘的盛熟食的陶器，即“登”。郑玄注曰：“瓦豆谓之镫”，因为祭祀用的登多用金属制成，故写成“镫”。《楚辞 · 招魂》中有“兰膏明烛，华镫错些”等句，其中的“镫”是表示“灯盏”之义。这种“镫”往往是青铜制成，上有盘，中有柱，下有底。有的盘下为三足，旁有柄可执；有的为树枝状，每枝承一镫盘；还有作人物状、作动物状等等。显然，上述文献中的“镫”都不是“马镫”之义。但是，至南北朝时就不同了。南朝宋刘义庆所著《世说新语·规箴》记载，东晋名相谢安之弟谢万在寿春兵败，“临奔走，犹求玉帖镫”，这是说谢万在逃亡之际还奢求享用嵌玉的马镫。《南齐书·庐陵王子卿传》记齐武帝责备其子萧子卿的挥霍奢侈：“纯银乘具，乃复可尔，何以作镫亦是银？”同时期梁简文帝《紫骝马》诗曰：“贱妾朝下机，正值良人归。青丝悬玉蹬，朱汗染香衣。”此中“玉蹬”就是“玉镫”。一般来说，语言中的词汇是社会现实生活的直接反映，上述记载均出自南北朝时期的文献，说明马镫在南北朝已被使用。而如果汉魏甚至秦汉之际就已出现马镫，那在当时的文献中不会不留一点痕迹。如今，在南北朝之前的文献中不见有关马镫的记载，这只能说明马镫的出现是在三国之后的事。

再从文字学上考察，最早收录“镫”字并在字义上加以解释的是东汉许慎的《说文解字》，而许慎对“镫”的解释是“锭”也，“锭”在当时有两义，一是指盛熟食的器皿，二是指灯盏，正与早期文献中的用例完全吻合。其后的字书，包括曹魏时张揖的《广雅》、南朝梁陈间顾野王的《玉篇》都因袭了许慎的说法。然而，北宋人重修的《广韵》对“镫”的解释就是“鞍镫”了。虽然，我们不能要求任何一部字书都全面地、毫无遗漏地收录当时语言中的所有字词，但“马镫”

一词在宋代以前的字书中得不到反映，至少在一定程度上可以说明，马镫这一器物在当时并非普及流行。

上述种种事实可以说明，在马具发展史上，马镫的出现是比较晚的，在三国及此前的时期，它确实还没有被创造出来，更不用说广泛的运用。马镫从出现、定型到成熟还经过一个过渡阶段，即西晋出现的仅具上马功能的单镫。而名副其实的马镫的出现，已是在东晋中期的事了。因此，当我们看到《三国演义》《汉王刘邦》等影视剧中有骑士双足紧踏马镫的镜头时，确实是可以感到诧异的。

汉民族骑马也是由来已久的事了，赵武灵王倡导“胡服骑射”，就是在战国中期的公元前307年，而那时距马镫的产生足足有六百余年。如此，我们就可以提出一个问题：在那漫长的岁月里，没有马镫，人们是怎样骑马，又怎样在驰骋和激战中保持身体的平衡与稳定的呢？

《兰亭序》作者之谜

代表东晋书法妍美流变风格的《兰亭序》，是中国书法史上的丰碑。关于其作者，历代学人多以为非王羲之莫属。但由于史载原件被殉葬于唐太宗墓，唐人对其流传途径的记载也不相同，故自南宋至今，一直有人对此提出疑问，或者干脆否认王羲之是《兰亭序》的真正作者。分述其理由，大致有如下方面：一、梁武帝收王羲之帖二百七十余轴，仅提及《黄庭》《乐毅》与《告誓》，却未提及《兰亭序》。梁萧统主持编成的《昭明文选》中并无《兰亭序》，这与它在书法史上的地位似不相吻合。二、《世说新语》中刘孝标注引用书目时，以《临河序》称之，而且定武本《兰亭序》比《临河序》在“夫人之相与”下多一大段文字，应是隋唐时人认为晋人喜述老庄而妄自增加的，兼《定武本》字体足以与昭陵诸碑媲美，因此《兰亭序》极有可能是隋唐人之伪作。三、据在南京附近出土的《王兴之夫妇墓志》《谢鲲墓志》和新疆出土的晋人写本《三国志》残卷等资料推论，《兰亭序》在书法风格和文章思路两个方面，均非出自王羲之手。有的学者还进而推论《兰亭序》为陈僧智永所书。

对上述观点进行辩驳者，以东晋书法风格为视点，指出东晋时代确已具备章草、今草、行书、楷书诸种风格，只是比较而言，后两者的书体更为年轻而已。正是因为王羲之诸如《兰亭序》新书体的推进，才在书法史上具有承先启后的贡献。而关于题目方面的差异，实在是因为王羲之作文时并没有标目，而有了除《临河序》以外的《修禊序》《曲水序》等不同的题目。说到《世说新语》注中的《临河序》比《兰亭序》少一段文字，那不过是因为刘孝标作了删节而已。另外，对于一个思想本身就有矛盾的人来说，他的文章前后出现某些不一致的地方，也是很正常的。《简明不列颠百科全书》王羲之条，肯定王羲之为《兰亭序》作者说，今人亦多赞同这一见解。

陈寿是良史吗

陈寿（233—297）字承祚，安汉（今四川南充北）人，是《三国志》的作者。他善于叙事，文笔简洁，剪裁得当，时人称他“有良史之才”，还把他比作司马迁、班固。平心而论，陈寿的《三国志》与《史记》《汉书》相比，还略逊一筹，但它仍然不失为一部史学名著，被人们列为“前四史”之一。陈寿的史学贡献，也一直为后人所重视。

但是，陈寿似乎时运不济，他的行为常常与当时的清议不合。他为父守丧时，“有疾，使婢丸药，客往见之，乡党以为贬议；及蜀平坐是沉滞者累年”。后来，其母去世，遗言令葬洛阳，陈寿谨遵母亲遗命，没有扶柩还乡，却“又坐不以母归葬，竟被贬议”。可见其仕途坎坷。而作为一个史学家，陈寿似乎也口碑不佳。《晋书·陈寿传》中记载着这么一件事：“或云丁仪、丁廙有盛名于魏，寿谓其子曰：‘可觅千斛米见与，当为尊公作佳传。’丁不与之，竟不为立传……议者以此少之。”对一个史家来说，仅有史才、史识还不够，史德欠缺，更会遭人非议。陈寿若真有“索米”之事，他就无论如何称不上是个“良史”了。因此，古往今来，有多少人为此而大伤脑筋。

唐宋以来的学者对这一记载有相信的，也有怀疑的。如刘知幾在《史通·曲笔》中云：“班固受金而始书，陈寿借米而方传，此又记言之奸贼，载笔之凶人。”陈振孙的《直斋书录解题》也说：“乞米作佳传……难乎免物议矣。”但王应麟在《困学纪闻》、晁公武在《郡斋读书志》中又都对此提出怀疑。

第一个对此说提出否定意见的是清代学者朱彝尊，他在《曝书亭集》卷五十九中说：“寿于魏文士，惟为王粲、卫觊五人等立传，粲取其兴造制度，觊取其多识典故，若徐幹、陈琳、阮瑀、应瑒、刘桢，仅于《粲传》附书，彼丁仪、丁廙，何独当立传乎？造此谤者，亦未明寿作史之大凡矣。”朱彝尊的意思是，比丁仪、丁廙更重要的人物如“建安七子”，陈寿都没有为之立传，故《三国志》中不见丁氏兄弟佳传，根本就不能说明陈寿对他们“另眼相看”。朱说一出，附之者甚多，有精辟之论，也有偏颇之词。如杭世骏认为，丁氏兄弟是曹植的羽翼，极力协助曹植谋夺太子之位，两人“盖巧言令色孔壬之尤者也，史安得立传？”潘眉也说丁氏兄弟“党于陈思王（曹植），冀摇冢嗣，启衅骨肉……斯则魏朝罪人，不得立传明矣。”他们的意

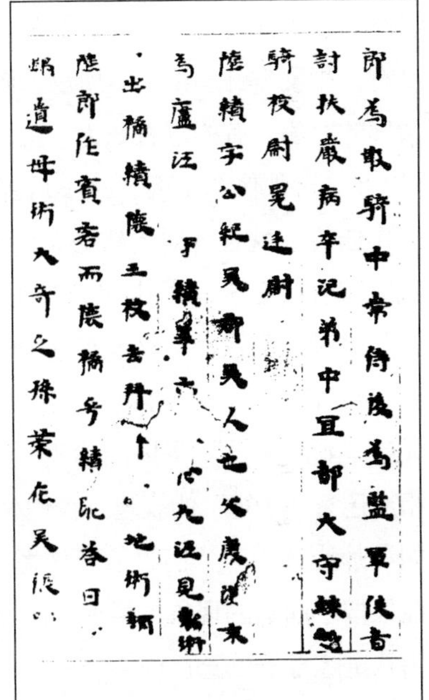

《三国志·吴志·虞翻传》
（《三国志》写本残卷）

思是，丁氏兄弟本非善类，根本不配有佳传。

陶懋炳在《陈寿曲笔说辨诬》的补充论述："《陈思王植传》明载：'文帝即王位，诛丁仪、丁廙并其男口。'……如据此记载，丁仪之子不存，陈寿米将谁求？索米之说，不攻自倒。"这条论据对否定陈寿索米说是很有说服力的。丁氏已经被灭族，何来后人？难怪《晋书·陈寿传》也只能笼统地说丁氏之子，而指不出具体的人名。

陈寿写《三国志》前，已有好几种有关魏国的史书出现，如鱼豢《魏略》、王沈《魏书》等，他们的书中是否就有丁氏兄弟的佳传呢？没有，相反有许多贬词。所以，陈寿不为之立佳传，并不是特别不合情理的行为。有的学者认为，王沈是站在曹丕一方面的，他所编撰的《魏书》对丁仪、丁廙当然不可能反映真实情况，陈寿所说的"为尊公作佳传"就是针对《魏书》而发的。那么陈寿在"索米"不得时，就应该在《三国志》中保留其他史书中有关他们的"丑传"或"贬词"才对。但陈寿不仅没有这样做，还在《王粲传》中夸奖丁仪、丁廙"亦有文采"。可见陈寿还是很实事求是的，相对于其他史籍对丁氏兄弟"奸以事君""果以凶伪败"等指责，陈寿对他们不仅不"揭短"，相反还有"护短"的表现。我们承认，《三国志》在记载某些史实，如司马师废齐王芳、高贵乡公曹髦被杀等事件时，确有因"为尊者讳"而采取了曲笔的现象，但在丁氏兄弟的问题上，似乎还没有充分的理由认定陈寿是史德有亏。

联想到《晋书·陈寿传》对陈寿的另一项指控：陈寿的父亲是马谡的参军，马谡因失街亭为诸葛亮所诛，陈寿的父亲也连坐受了髡刑，再加上诸葛亮的儿子又一向轻视陈寿，于是陈寿就在写《诸葛亮传》时怀私怨而抑亮。这也是以往认为陈寿有亏史德的证据之一。但是，只要我们知道，陈寿在写《三国志》之前，曾不遗余力地编写了《蜀相诸葛亮集》，就会认识到，如果陈寿怀有私怨，又何必辛辛苦苦地为人作嫁？又何况他对诸葛亮“将略非长”的评价实在是中肯之论呢？

陈寿“索米”之说，尽管在正史中堂而皇之地记载着，但是，“尽信书不如无书”，后人还须仔细斟酌，方能还古人之本来面目。

陶渊明生平之谜

东晋诗人陶潜，字渊明，年轻时宅旁有五棵柳树，自号“五柳先生”。他曾任彭泽令，故人称“陶彭泽”或“陶令”。陶渊明“少时壮且厉，抚剑独行游”，怀有大志。但他志向清高，性情刚直，不肯与世俗同流合污，不愿向权贵献媚求荣，几次出仕都“不堪吏职”，辞官归家，终以躬耕隐居了却一生。陶渊明还乡后，写下许多以田园生活为题材的诗歌、辞赋，风格清新自然，意境高尚深远，其中《归去来兮辞》《桃花源记》等，都是百诵不厌的佳作。人们敬重他的品格，钦佩他的才学，南朝人称之为“古今隐逸诗人之宗”，白居易赞曰“常爱陶彭泽，文思何高玄”，鲁迅称他是“我们中国赫赫有名的大隐（士），一名田园诗人”。

陶渊明的文学成就已有公论，然而有关他的生平，却有好几个悬而未决的问题，有待人们评说。

首先，是陶渊明的世系。历来史传都认为，陶渊明出生于世代官僚家庭，晋代大司马陶侃是其曾祖。萧统《陶渊明传》云：“曾祖侃晋大司马。”《宋书》《晋书》《南史》的《隐逸陶潜传》也肯定这一说法。史传的众口一词，并不意味陶渊明与陶侃的关系已成定论。史载陶侃有十七子，陶渊明的祖父陶茂，曾任武昌太守。但《晋书》所列陶侃较为显要的洪、瞻、夏、琦、旗、斌、称、范、岱九子，恰恰不包括陶茂，而以陶茂的官职地位，无疑也应属显要者。因而有人提出，陶茂是不是陶侃之子，当是解决陶渊明与陶侃关系的关键。1983年，九江彭泽县文化馆收集到《陶氏宗谱》一册，谱首有清康熙三十四年乙亥唐门、唐苗、唐政三人分别所作的序，其中提到陶侃的十七个儿子。与《晋书》不同的是，这十七个名字中没有“陶称”，而有“陶茂”。此外，宗谱中还明确记载，陶茂是陶侃第七子，字梅九，娶朱氏，任武昌太守。既然宗谱有不容置疑的记载，《晋书》为什么与之不符呢？有人认为，这可能是《晋书》作者不承认陶茂是陶侃之嫡系的缘故。此一家之言能否成立，尚需有更多史料来论证，但陶渊明和陶侃的血缘关系，大致是可以肯定的。

其二，是陶渊明的种族。近代学者陈寅恪在《〈魏书·司马叡传〉江东民族条释证及推论》一书中指出：“江左名人如陶侃及陶渊明亦出于溪族。”论据是《世说新语·容止篇》记载，庾亮有事却又不敢去见陶侃，温峤劝他说：“溪狗我所悉，卿但见之，必无忧也。”如陶侃不是奚人，温峤为什么平白无故地骂他“溪狗”？陶侃虽被史籍记载为“浔阳柴桑人”，但实际上是鄱阳人，在东晋平吴后才迁家于浔阳，而鄱阳原是奚族居住的地区。此外，奚人以勇悍善战闻名，史传载陶侃后人在晋宋的情况，多“凶暴虓武，颇似善战之溪人”。陈寅恪的这一观点，引起史界重视，有人表示赞同，指出《晋书·陶侃传》有陶侃“望非世族，俗异诸华”的记载，暗寓陶侃出身孤寒，且不是汉族。正因如此，陶侃官至东晋大司马、都督八州军事、封长沙郡公，仍然受到同僚的轻视，最后情愿罢职回家。反对者则认为，陈寅恪的观点持论微弱，温峤称陶侃为溪狗，就如古代北方人称南方人为蛮子，并不是一个固定的少数民族的称呼。至于陶侃后人，固然有凶暴之徒，但也不乏淡泊温和的性情中人，陶渊明就无论如何与凶暴搭不上边。陶侃、陶渊明究竟是汉族还是溪族？至今尚无确论。

其三，是陶渊明的故里。一般认为，陶渊明是浔阳柴桑（今江西九江西南）人，但据1983年发现的《陶氏宗谱》记载，陶渊明是“先居柴桑，后迁居栗里，即今之星子县丹桂乡是也”。陶渊明的这一迁居，使后世对于他的故里，产生诸多争论。从宋到清，主要是对栗里的具体位置各执一词。朱熹等人认为，栗里在“南康军治西北五十里，谷中有巨石，相传是陶公醉眠处”。朱熹所说的地方，相当于今星子县温泉一带。但朱熹之后有不少人到这里寻访栗里，却遍寻不得，连土人也“瞠目莫对”。因此，栗里究竟在哪里，便成了众说纷纭的未解之谜。直到20世纪80年代，九江

陶渊明（《无双谱》）

县与星子县还在为陶渊明故里打笔墨官司，一说陶公故居柴桑栗里晋时属柴桑县，今为九江马回岭乡之属境，因而陶公是九江人。一说陶公故居在星子县城西五里的陶家照村，四十四岁时家罹火灾，移居到栗里，也在星子县境内，故陶渊明应是星子县人。这一争论，至今仍未完全偃旗息鼓。

其他诸如陶渊明享年几何、陶公笔下的桃花源在何处等问题，皆为陶渊明研究中的悬案。这大概也因为陶公诗名太盛、世人特别关心的缘故。

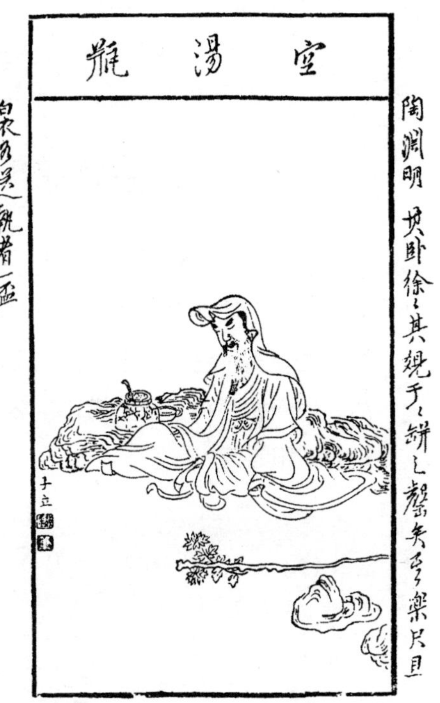

[清]陈洪绶《博古叶子·陶渊明》

“五斗米”涵义的异说

陶渊明是东晋著名的诗人，他生活的时代，我国正处于南北分裂的局面。士族地主把持着政权，门第森严，政治腐败。陶渊明对这种黑暗的现实不满，四十一岁任彭泽令时，就弃官隐居。长期的田园生活，使陶渊明写下许多描绘自然景色和农村生活的诗文辞赋，因而被视为“田园诗人”。

●［清］陈洪绶《渊明对菊图》

而实际上，陶渊明对世事并没有遗忘和冷淡，不论是他的诗歌还是散文，都在平淡中包含了不满和愤慨之情，其中还不乏“金刚怒目”式的作品。他是一位很有骨气的人，千余年来，一直传颂着他不为五斗米折腰的故事。据《晋书·陶潜传》记，陶渊明在当彭泽令的时候，浔阳郡督邮来彭泽县督察，县吏告诉他："应束带见之。"他叹道："我不能为五斗米折腰，拳拳事乡里小人邪！"于是解去印绶，辞官回家了。《宋书》有相同记载。于是，所谓"五斗米"，历来被认为是指陶渊明当县令时微薄的俸禄。如《古书典故辞典》释为"不愿为微薄的俸禄卑躬屈膝地迎奉上司。"《中国典故辞典》亦释曰："五斗米，喻低级官吏的微薄官俸。"长期以来，陶渊明"不为五斗米折腰"一直是不事权贵的典型，赢得世人的尊重。

然而，邹文生却提出新说，认为所谓"五斗米"应另有所指。

首先，县令的俸禄不是五斗米。《汉书·百官公卿表》中记载："县令、长，皆秦官，掌治其县。万户以上为令，秩千石至六百石。减万户为长，秩五百石至三百石。"《宋书·百官志》中也有同样的记载："县令、长，秦官也。大者为令，小者为长"，"县令千石至六百石，长五百石"。一般来说，俸禄一千石的县令属六品官，六百石的属七品官。可见，县令的俸禄决不是什么"五斗米"。

其次，所谓"五斗米"，在史籍记载中，是可以找到确指的。如《后汉书·灵帝纪》曰："中平元年……秋七月，巴郡妖巫张修反。"李贤注："刘艾纪曰：时巴郡巫人张修疗病，愈者雇以米五斗，号为五斗米师。"同书《刘焉传》也说："曹操破张鲁，定汉中。鲁，字公旗。初，祖父陵，顺帝时客于蜀，学道鹤鸣山中，造作符书，以惑百姓。受其道者辄出米五斗……陵传子衡，衡传于鲁，鲁遂自号'师君'。"这里的"五斗米"都与"五斗米道"有关。因此，陶渊明"不为五斗米折腰"应是不向五斗米道徒折腰。

那么，陶渊明不肯为之折腰的"五斗米道徒"指谁呢？邹先生认为是指江州刺史王凝之。据史书记载：陶渊明二十九岁时第一次出仕，任江州祭酒，当时的顶头上司江州刺史就是王凝之。王凝之是大书法家王羲之的儿子，是个虔诚的五斗米道徒。由于出身于豪门世族（王氏叔祖王导是东晋世族领袖，官至宰相），自视甚高，对寒门出身的下属或许会骄横无礼。而陶渊明则出身于一个破落的贵族家庭，他的祖父、父亲虽都做过太守，但仍未跻身世族阶层。尤其到了陶渊明这一代，因父亲早逝，“少而贫病，居无仆妾，井臼弗任，藜菽不给”，迫于生计，才去做祭酒这种佐吏。可是不久，他就感到“不堪吏职”，“志意多所耻”，于是“少日自解归”。按理，祭酒虽是佐吏，但地位、权利均“居僚职之上”，因家贫而谋官的陶渊明应该珍惜才是。但是陶渊明却有自己的政治理想和品格节操，他自称“不戚戚于贫贱，不汲汲于富贵”，“朝与仁义生，夕死复何求”。因此，他自甘贫贱，不会为了衣食所安去违背自己的志趣，更不会为了谋生而卑躬屈膝地去侍奉五斗米道徒王凝之了。

可是，如果说陶渊明不肯为之折腰的是指他二十九岁时遇到的五斗米道徒王凝之，那么这与他在四十一岁时再次辞官又有什么关系呢？陶渊明从江州辞职后，回浔阳闲居了六年，其间也曾先后在桓玄、刘裕手下任职，但时间都不长。眼见军阀连年火拼，政治愈加黑暗，他萌生“逃禄而归耕”的思想。但要归隐，必须有经济基础，他曾对亲朋说：“聊欲弦歌，以为三径之资，可乎？”这是借用了《论语》中“子游为武城宰，闻弦歌之声”的典故和《三辅决录》中蒋诩隐居后在舍中开三径的典故，道出自己想再次出仕，以赚取隐居之资的打算。

他出任彭泽令，也就是在这种情况下的一个无奈的选择。只是上任才八十多天，就又一次辞官。

至于陶渊明辞去彭泽令的原因，也有所争论。他自己在《归去来兮辞》序中是这样写的："余家贫，耕植不足以自给。幼稚盈室。瓶无储粟，生生所资，未见其术。亲故多劝余为长吏，脱然有怀，求之靡途……于时风波未静，心惮远役，彭泽去家百里，公田之利，足以为酒，故便求之……及少日，眷然有归欤之情……寻程氏妹丧于武昌，情在骏奔，自免去职。"其中，虽未直言赚取"三径之资"，但云"家贫，耕植不足以自给"也已包含了这个意思了。求去的原因却明言是为妹奔丧，因此，宋代就有不少人断言陶渊明此次辞职与督邮无涉。

●［清］陈洪绶《陶渊明载菊图》

难道《宋书》《晋书》中有关督邮的记载都是无中生有吗？恐怕也不是。宋代洪迈就怀疑陶渊明在《归去来兮辞》中是“心有所属，不欲尽言之耳”，因而认为妹丧仅是辞职的托词。清代陶澍指出其中奥秘：“先生之归，史言不肯折腰督邮，序言因妹丧自免。窃意先生何托而去，初假督邮为名，至属文，又迂其说妹丧以自晦耳。其实闵晋祚之将终，深知时不可违，思以岩栖谷隐，置身理乱之外，庶得全其后凋之节也。”陶澍的意思是，陶渊明本已深知“时不可违”，更坚定了隐居的意愿。恰逢督邮来到，他不愿伺候这“乡里小人”，于是就自免去职。但在写《归去来兮辞》时又觉得直言不妥，故假托以妹丧以自晦。如此，则陶渊明的这次辞官，仍与他的耿介气节有关。

综上所述，《晋书·陶潜传》中的“我不能为五斗米折腰，拳拳事乡里小人邪！”涉及陶渊明的两次辞官。应该理解为：我过去不能向五斗米道徒卑躬屈膝，今天还能恭恭敬敬地侍奉这乡里小人吗？“五斗米道徒”是指江州刺史王凝之，“乡里小人”是指浔阳督邮。

陶渊明“不为五斗米折腰”曾是后世无数仁人志士仰慕和仿效的精神，如果“五斗米”的涵义并非人们所理解的那样，那么，这个玩笑就开大了。

桃花源究竟在何处

《桃花源记》是东晋诗人陶渊明的杰作，一千多年来深受人们的喜爱。它之所以有这样长久的生命力，除了作品具有曲折动人的情节，生动流畅的描述和栩栩如生的人物外，还在于作品描绘了一个人们梦寐以求的理想社会——桃花源。在这里，“土地平旷，屋舍俨然，有良田美池桑竹之属。阡陌交通，鸡犬相闻。其中往来种作，男女衣着，悉如外人，黄发（老人）垂髫（幼童），并怡然自乐”。多么美好的一个社会啊，没有剥削，没有压迫，人们自耕自食，融洽相处，老有所养，幼有所育，对远道而来的客人，争相“设酒杀鸡作食”，可见其丰衣足食的生活。被封建剥削压得透不过气的人民，谁不向往这自由、安乐的理想社会呢？然而，神州大地叫“桃花源”的地方有不少，具有“芳草鲜美，落英缤纷”的地方，更是不计其数，究竟哪里是陶渊明笔下的桃花源？桃花源是虚构的乌托邦，还是有真实的原型？

有人根据地名，主张湖南桃源说。湖南桃源县西南十五千米处的水溪，面临沅水，背靠青山，其地景色秀丽，松竹深幽，令人神往，恰似陶渊明笔下的世外桃源。唐人在此建有纪念性的寺、观，宋人建有符合作品中“渔人遇仙”意境的“延请楼”。明清两代，设置了一系列以陶渊明诗文为名的景点。然而，上述寺、观、景点均是后人的附

●［明］仇英《桃源仙境图》

会，而且桃源县是在宋代才析置命名，陶渊明以此为原型的可能性似乎不大。

有人从社会发展史角度认为桃花源是湖南武陵地区苗族社会的写真。在陶渊明所处的时代，生活在武陵地区的湘西苗族正处于父系氏族初期的社会阶段。这里生产力低下，剩余产品极少，无法显示“贫富悬殊”的社会状况，与《桃花源记》中人们平和生活与劳作的景象十分相似。从民俗学角度考察，武陵地区的苗民盛行的桃树崇拜，以及设酒杀鸡待客的习俗，也与陶渊明笔下的桃花源吻合。再从历史上看，东晋末年及刘宋初期，“赋役严苦，贫者不复堪命，多逃亡入蛮”(《宋书·荆雍州蛮传》)。蛮族地区虽然荒僻，却“无徭役，强者又不供官税”。这一情况，陶渊明十分清楚，或许就成为《桃花源记》的社会基础。

有人根据陶渊明的游踪，主张古海州的云台山脉（在今江苏连云港）宿城山凹说。这里三面环山，一面向海，无陆路可通外界。临海处有一座半身浸浮于海中的峻峭山峦，山脚转弯处有通向高公岛的逶迤石峡。这与陶渊明所绘“复前行，欲穷其林。林尽水源，便得一山。山有小口，仿佛若有光。便舍船，从口入。初极狭，才通人，复行数十步，豁然开朗”的景色非常相像。陶渊明一度担任东晋名将刘牢之的参军，曾“往来海上”。任职期间，恰逢孙恩起义，隆安五年（401）起义军与镇守高公岛的东晋将领高雅之交战，时刘牢之亦率军抵御起义军，作为参军的陶渊明，可能亲赴战场，到过高公岛。战争之余，他或许游历过秀丽的渔村，领略了宿城山凹“桑竹垂阴”的美好景色。其著名的《饮酒诗》中，有“在昔曾远游，直至东海隅”句，处于东海一角的宿城高公岛，似正是陶公“远游”之处，他在此觅到了心目中的桃花源。

还有人主张江西庐山康王谷说。理由是，康王谷在陶渊明家乡浔阳柴桑附近，当地人俗称庐山垅，亦称桃花源。这里整个春天花开花落，呈现无限的诗情画意，康王谷长三十余里，非知情人，即使来到谷口，也不会知道其中有深谷，实在是一个天然的躲避战乱的去处。其地理环境与《桃花源记》中的描绘，几乎一模一样。居住于附近的陶渊明极可能是这一深谷的“知情人”。

此外，还有陈寅恪主张的北方之弘农或上洛说。陈寅恪认为，在河南、陕西之间的商洛地区，有名为桃原桃林的地方，是陶渊明《桃花源记》的原型。陶公在文中有“南阳刘子骥，高尚士也，闻之，欣然规往”的内容。这位刘子骥，是当时知名隐士，常在衡山采药，不会到过北方。因此陶公把桃花源的地点移至南方武陵，把发现桃花源的人，定为“武陵渔人”。此说缺乏确凿证据，后人持同议者较少。

以上诸说，各有依据。桃花源是文学作品中的地名，很可能杂取种种而合成一个，难以与实地对号入座。那么，这一争论或许还将永久地继续下去。

范晔谋反之谜

范晔字蔚宗，南朝刘宋人。他博涉经史，善为文章，以才学闻名。他原是彭城王刘义康的参军，颇得信任，但当刘义康之母彭城太妃去世时，范晔与一帮朋友喝醉了酒，“开北牖听挽歌为乐”，刘义康大怒，将他贬为宣城太守。也就是在这段时间内，他撰成了二十四史之一的《后汉书》，以才华横溢的史学家而留名青史。

范晔的口碑很不好，《宋书·范晔传》记其性好财货，自己衣裳器用并皆珍丽，母亲却衣食简陋，弟子冬无被，叔父单布衣。他平时不检内行，一向有闺庭议论，甚至被人称为专在女人面前取媚的“雄狐”。更重要的是，他最终是以谋反之罪名被杀，这在封建社会是大逆不道的行为，因此，范晔的品行为历代封建士人所不齿。

但是，清人王鸣盛在他的名著《十七史商榷》卷六十二中，撰写了“范蔚宗以谋反诛”条，对《宋书》《南史》中所载范晔谋反事表示异议。王鸣盛的主要观点是：一、范晔生于晋而长于宋，“故国之思既已绝无，新朝之恩则又甚渥”，没有理由谋反。二、范晔与宋文帝君臣相处甚欢，曾蒙深加委任。范晔携妓妾赴母丧被时议所劾，宋文帝因爱其才而不加罪。范晔获如此“嘉遇”“殊恩”，怎会丧心病狂地操戈相向呢？三、范晔虽曾为谋反的事主刘义康所用，但又以“饮食细过为所黜”，心中怨刘义康必甚，怎么可能再行效忠以至于为之身殉呢？四、范晔参与谋反是受孔熙先的诱引，而孔熙先劝诱他的理由是：宋王室不与范晔联姻实是看不起他。但这个理由完全站不住脚，当日江左门户高于范晔的很多，并没有个个都与帝室联姻，范晔岂可以此为怨？五、范晔撰史，“贵德义，抑势利，进处士，黜奸雄”。立言若是，其人可知，犯上作乱之行径必不可为也。

王鸣盛的论说一出，即引起不少人的呼应。李慈铭在《越缦堂读书记》中就赞同说：“其事甚明，奇冤始雪。”陈澧《东塾集》、傅维森《缺斋遗稿》中也都有类似意见。从此，范晔的声誉才日渐改善。当然，仍有不少人坚持传统的看法，如刘节就直言“此人极坏”。近年，汪涌豪对王鸣盛之说提出商榷意见。

汪先生认为：一、范氏是士族大姓，三代显宦。宋文帝虽然对他频加荣爵，却只是重其才艺，并不以其为可托社稷的国器重臣。而范晔在《狱中与诸甥侄书》中承认，他一向“耻做文士”，“无意于文名”，如此，宋文帝对他的态度必使他大感折辱，以此为怨，正如徐湛之上表告他的：“自谓任遇未高，遂生怨望，非唯攻伐朝士，讥谤圣时，乃上议朝廷，下及藩辅，驱扇同异，恣口肆心……”所以，所谓君臣相得仅是表面现象，不可以此为蔚宗不反的理由。

二、范氏父子两代与刘义康的关系深厚，当年刘义康作为荆州刺史入京与司徒王弘共掌朝政，就是范晔之父范泰力荐的。范晔作为刘义康的参军，也颇得礼遇。听挽歌遭贬一事一度伤了感情，但经人调解，两人已取得谅解，即所谓“往日嫌怨，一时豁然”。因此当刘义康与文帝有隙而图谋起事，范晔受共同利益驱使，与之走到一起也是可能的。

三、孔熙先诱引之事，也应具体分析。范晔持身不谨，朝野共知，以至于虽门胄清华，仍被排斥不能与王室联姻。这与其他高门因人数众多而不能都与帝室联姻的情况完全不同。范晔自己必定清楚这一点，这显然又加深了他对文帝的不满。

四、范晔的识见确有不同于流俗之处。如对儒生处士不一概肯定，对儒家经典决不盲从，对自己的名节不甚重视，在佛教盛行的时候倡言“天下决无佛鬼”等。同样，他对朝代更迭持有清通的认识，认为“自古丧大业绝宗禋者，其所渐有由矣”，一个腐败的政权为新兴力量替代是在所难免的。因此桓、灵间天下汹汹，车骑将军皇甫嵩功业、声望都足以“移天业”，却仍鞠躬于昏主之下是十分可惜的事。显然，有如此历史观的人很可能会将篡逆之事视为自然而然，这不仅会反映在他的著作里，同样也会反映在他的为人处世中。

五、范晔是在晋王朝行将崩灭的时候脱晋投宋的，他既然能够背晋事宋，在二主之间游动，又为什么不能背文帝而事义康，在一姓之中去取舍？放眼整个魏晋南北朝，篡逆废立之事屡见不鲜，刘裕的天下就是从晋王室那儿夺来的，文帝本人也是在权臣废少帝后被拥立的。因此，衡之以范晔早年的经历及当时的社会风气，他的参与谋反应该说是其来有自的。

总之，在皇权可以随时移位的时候，范晔既有才用未尽之憾，观念上又不避狂狷，颇尚“进利”，遇上一个看重其才又与之有些交情的主子，产生了做创始之臣的野心，这不是没有可能的事。因此在临刑之际，范晔基本上是从容和安详的，或许他本人也不觉得是被“冤枉”了，后人又何必为其鸣冤叫屈呢？

范晔头顶谋反之名千余载，好不容易在王鸣盛的努力下得以“平反”，而又在汪先生言之有理的新论反驳下“清誉可危”。范晔究竟反不反？他是蒙冤而死还是罪有应得？这恐怕还不是一个易解之谜呢。

● 范晔
篆刻　郑英旻

淝水之战是以少胜多吗

西晋王朝灭亡后，中国呈现南北方对峙的政治局面。在南方，司马睿重建晋朝，史称东晋；在北方，各少数民族上层人物纷纷起兵，建立政权，史称十六国。各国为争权夺利而互相混战，直至前秦永兴元年（357）前秦苻坚称大秦天王，灭前燕、前凉及代国，最终统一北方。随后，积极准备进兵南方。

前秦建元十九年（383）五月，苻坚不顾群臣反对，决意攻取东晋。崔鸿《十六国春秋·前秦录七》记：“八月戊午，遣……步骑二十五万为前锋。甲子，坚发长安，戎长戎卒六十余万，骑二十七万，前后千里，旌鼓相望。”苻坚不禁骄狂地说，以此强兵百万，“投鞭可以断流”，何愁东晋不灭？然而战事的发展并不如苻坚所料，东晋虽只集结起八万人的军队，但在谢石、谢玄和骁勇善战的刘牢之率领下，根据宰相谢安的调遣，

谢安（《晚笑堂画传》）

首先以精兵五千强渡洛涧，夜袭秦军大营，歼敌一万五千余人。晋军乘胜继进，一举推至淝水东岸，与秦兵隔河对峙。苻坚登上寿阳城头，望见东晋军队布阵严整，心中暗暗吃惊。又见淝水东面八公山上草木摇动，以为都是埋伏的晋兵，不由连连感叹："此亦劲敌，何谓弱也。"后世用成语"草木皆兵"来形容人在极度恐慌时，一有风吹草动便疑神疑鬼的样子，其出典就在于此。谢玄为速战速决，派人对苻坚说：隔水作战不方便，请秦军稍后退，让晋军渡过河与秦军决一胜负。苻坚企图乘晋军渡河至一半时突然袭击，便同意谢玄的建议，下令秦军后撤。谁知秦军不明白后撤意图，以为前锋被打败了，顿时大乱，一溃千里，不可收拾。秦军争相逃命，自相践踏，一路听到风的吹拂声与鹤的呼叫声，都以为是追兵到了，昼夜不敢停息，最后只有十多万人逃回北方。后世即以"风声鹤唳"来形容人极度恐慌以至于自相惊扰的样子。号称百万的前秦军队，被七八万东晋军队打得落花流水，这在中国战争史上是罕见的。因此，淝水之战历来被当作以少胜多的典型战例载入

●［明］郭诩《东山携妓图》

史册。

但是有人详考史料，对双方兵力之比提出新的见解。一、前秦的百万军队是虚数。从当时北方人口的估计数看，前秦全国有百万军队已是惊人数字，即使有，苻坚也不可能全部征调伐晋，至少要留一些驻守各地重镇。更重要的是，这虚数百万也没有全部赶赴前线，苻坚到彭城时，凉州、幽冀、蜀汉之兵均未到达淮淝一带，因而根本没有参加淝水之战。二、当时集结在淮淝一带的军队，是苻坚的弟弟苻融率领的三十万，他们也没有全部投入战斗，而被分布在西至郧城、东至洛涧五百余里长的战线上。驻扎在寿阳及其附近的军队，充其量不过十万。加上苻坚从项城带来的“轻骑八千”，也不过十多万人，况且战争发生时，这些军队也不会全部投入战斗。正因为寿阳一带兵力不多，苻坚才会在看到晋军严整的阵容时怃然而有惧色，产生草木皆兵之感。三、晋军

谢安（《无双谱》）

八万除刘牢之所率五千人进军洛涧外，均参加了战斗。当时，晋军在长江中游地区布置的兵力，本来就较雄厚，再加上新投入的八万，因此当秦、晋双方沿长江中游至淮水一线交战的时候，晋方在前线至少有二十万以上兵力。再考虑到前秦军长途跋涉、晋军以逸待劳，前秦内部意见分歧、晋军上下一心等各种因素，晋军占了一定优势。因此，不论从两军交战的时候，还是从整个战役情况看，淝水之战时双方投入的兵力，是大致相当的。

长期以来，所有的教科书都在告诉我们，秦晋淝水之战是以少胜多、以劣势之军打败优势之军的辉煌战例。如果上述之说可以成立，这一战例的写法不是该修改了吗?

刘裕夷平了广固城吗

广固城位于今山东青州西北，始建于西晋永嘉五年（311）。永嘉之乱中，青州城沦没，刺史曹嶷始造此城。因其有大涧甚广固，故名之曰广固城。十六国时期，南燕慕容德在此建都，于是，广固城成为历史上坐落在山东地区绝无仅有的一座帝都。

义熙五年（409）南燕军队大掠淮北。为了维护边境地区的安宁，当时还是东晋将领的刘裕率兵北伐南燕。晋军从建康出发，乘船由淮河进入泗水，到达下邳后从陆路北上。临朐一战，南燕主力被击溃，晋军乘胜进围南燕都城广固。广固外无救兵，内部又不统一，很快陷入众叛亲离的境地。公元410年，刘裕攻陷了广固城，《魏书·岛夷刘裕传》记载当时的情况是：晋军斩杀“王公以下三千人，纳口万余，马二千匹，夷其城隍”。以后，司马光《资治通鉴》沿录了这一说法。光绪年间的《益都县图志·古迹志》在述及广固城无存的原因时，更是断言“（刘裕）以藉险难攻，夷其城隍，故无基址可寻”。由于史料的确载，广固城被刘裕所夷平之说，似乎可成定论。

然而，李森提出异议，其论据有四。

其一，《宋书·刘敬宣传》云：“司马道赐者，晋宗室之贱属也，为敬宣参军。至高祖西征司马休之，道赐乃阴结同府辟闾道秀及左右小将王猛子等谋反。道赐自号齐王，以道秀为青州刺史，规据广固，举兵应休之。”司马道赐谋反一事有明文可查，发生在晋义熙十一年，如果广固城早在五年前就已经被夷平，那么此时的司马道赐等又怎么可以再行“规据”？

其二，《北齐书·慕容绍宗传》载：“丞相府记室孙搴属绍宗，以兄为州主簿，绍宗不用。搴谮之于高相，云：‘慕容绍宗尝登广固城长叹，谓其所亲云：大丈夫有复先业理不？’”孙搴所说的固然是诬陷之词，但如果当时城之不存，人将焉登？据此可知，当时广固城仍存。

其三，现存于青州偶园内国家一级文物《司空公青州刺史临淮王像碑》立于北齐武平四年（573），碑文中对当时的广固城有这样一句描写：“回紫城（即帝都广固城）而郁连，败燕之势未沦。”这清楚地表明，广固城至少在北齐后期依然历历可见，没有沦灭。

其四，青州博物馆陈列着另一件国家一级文物《故朱府君墓志铭》。墓主朱神达生于北朝末隋初之际，死于隋开皇年间，“葬于广固城之南函霞山之圣方恐陵”。墓志对墓地方位的参照物是广固城，如果其时广固城已经不存在，这一指示，岂不成了空谈？

因此，《魏书》所记载的广固城被刘裕“夷其城隍”说，应该是言过其实，不足征信的。公元410年以后，广固城依然存在，只是经历了长达八个月之久的攻守战，它必定遭到极为严重的破坏。以至于刘宋的首任青州刺史羊穆之失去了重建它的信心，宁可另建东阳城作为治所。即《晋书·地理志》所记：“慕容超……后为刘裕所灭，留长史羊穆之为青州刺史，筑东阳城而居之。”此后，广固城这座旧日的帝都就形同虚设，无人理会。也正因为人们的废弃和忽视，没有毁于刘裕“夷城”的广固城，在久经历史沧桑巨变后，逐渐消失了。

北魏孝文帝生母之谜

北魏孝文帝是我国历史上有重大影响的一名鲜卑族皇帝，他进行了一场改革运动，在历史上称为“孝文改制”，曾有力地推进汉族和胡族的民族融合。在这场改革运动中，胡族的姓氏也被汉化了。鲜卑族皇室本姓拓跋，改为元姓，他的名字叫元宏。他是北魏文成帝的长孙、献文帝的长子。然而，关于他的生母，在历史学家中却有不同看法。

最早提出怀疑的，是史学家吕思勉。他认为孝文帝是其祖母文明太后冯氏（亦即文成帝皇后）的私生子，而不像正史里记载的那样把孝文帝说成是献文帝与李夫人所生。吕在所著《两晋南北朝史》这部名著中提出这一怀疑，其理由是：一、孝文帝诞生在皇兴元年（467），其时献文帝年仅十三,十三岁的少年能否生子，实有可疑；二、《魏书》卷十三《文明皇后冯氏传》记载说，元宏诞生后，冯太后亲自抚养，并且为此而罢政。停止临朝听政这样的事实，也表明冯太后与孝文帝的关系非同一般，冯太后是一位极好专权的女性，“岂有因生孙而罢政？且亦何必因此而罢

文明太后冯氏

政？岂高祖（孝文帝）实后私生之子，后因娩乳，乃不得不罢朝欤？”自这一怀疑提出后，日本学者大泽阳典和我国台湾学者郑钦仁先后表示支持。但也有一些历史学专家不同意这种说法，因此，孝文帝的生母是谁，竟成为一件疑案。

反对上述看法的意见，大致有如下几点：一、“北魏长期有早婚习俗”（周一良著《魏晋南北朝史札记》的《〈魏书〉札记》“晚有子”条），如北魏太子晃生文成帝时，年仅十三岁，文成帝生献文帝时，亦年仅十四岁。现代生理学家也认为，男性青春发育是没有严格时间界限的，起始时间迟则十四岁以后，早则十周岁，因此古代皇帝在十三岁左右便具有生育能力，是可信的。对献文帝“年仅十三，能否生子”，不应独有怀疑。二、冯太后如果是因为生下私生子、自己哺乳而罢政的话，她的儿子献文帝（生母是文成帝的李贵人），是决不会放过她的。因为，献文帝在政治上与冯太后对立，而太后又非其生母，他曾抓住冯太后有内宠李奕之事，把李奕诛杀，向太后示威。设若冯太后真有私生子，后宫之中怎能保密，献文帝又焉能容忍此事，而不借此打击太后？再者，《魏书》也有记载，说是文明太后因孝文帝太聪圣，恐怕以后不利于冯氏，故曾谋废立。他们祖孙间的紧张关系，也可证明孝文帝不可能是冯太后的私生子。然而有一个疑问却难以解释，那就是：文明太后为什么一定要“躬亲抚养”孝文帝这样一位与自己毫无血缘关系的婴儿呢？

《昭明文选》成书于何处

南朝梁武帝长子萧统（501—531），字德施，出生十几个月就被立为皇太子。史书记载，他生而聪睿，长而仁孝，又美姿貌，善举止，读书数行并下，过目皆忆，为人宽和容众，喜愠不形于色。从政后，以民事为忧，以仁德著称，因而深得百姓爱戴。三十一岁时因病而亡，谥曰昭明，世称昭明太子。

昭明太子在文化史上名传千古，是因为他为后世留下了中国文学史上第一部文学总集《文选》(又称《昭明文选》)。萧统不仅博通众学，而且礼贤下士。他招纳当时著名学者，费时数年，编集了上自周秦、下至齐梁一千余年间的典籍文章，精选出一百三十位知名学者和少数佚名学者的作品七百余篇。这些文章大多“事出于沉思，义归乎翰藻”，既有独到见解，又有动人文采，是古代各种文体的代表作，也是中华民族早期的文学精华。因而这部让他心力交瘁的《文选》，深得后人重视。唐朝大诗人杜甫，曾教导儿子“熟精《文选》理”，把它当作文学的教本。赵宋时有人说“《文选》烂（读得熟），秀才半”，把它当作猎取功名的必要工具。唐、宋以来，有很多学者研究这部书，久而久之，便形成一种专门学问，叫“选学”。

《昭明文选》的文学价值世所公认，而文史学界争论不休的，却是另一个问题，即萧统究竟在什么地方编成《昭明文选》?

一部分学者持“襄阳文选楼”说。宋人王象之《舆地纪胜》卷八十二“京西南路襄阳府古迹”条记：“南朝梁昭明太子萧统建文选楼，邀刘孝威……等十余人，号曰高斋学士，在此辑《文选》。”襄阳府治即今湖北襄阳。《舆地纪胜》是南宋地理名著，内容十分丰富，除了叙述行政区划的沿革，还记载风俗、景物、古迹、碑记等，史料价值颇高。但是，据近人考证，襄阳的文选楼，是南朝徐陵邀当时名士编纂《玉台新咏》的地方。《玉台新咏》是《诗经》《楚辞》之后的古诗总集，收录汉魏以来八百七十篇情歌，著名的《孔雀东南飞》，即因其收录而保存。这部诗集在文学史上亦颇有参考价值。说襄阳文选楼是因此书的编集而扬名后世，也顺理成章。这样，《文选》成书于襄阳一说，只能存疑了。

较具传奇色彩并为旅游业普遍采用的，是镇江南郊增华阁说。据镇江地方文献记载，萧统在二十岁时已游学南朝各地，最后选择了招隐山（今镇江南郊）为定居处，并筑就读书台。他爱左思《招隐诗》中“何必丝与竹，山水有清音”之句，与山水为伴，而把宫女、御乐悉数迁回京都建康（今江苏南京）。还将东宫的三万卷藏书移至读书台，以八名太监随侍，长年攻读于此。不久，又在读书台右侧高台建造“增华阁”，招纳文人学士，终日讨论商榷，集思广益，终于编成《昭明文选》。后世文人对萧统等人的努力深怀敬意，在增华阁悬长联曰：“好学慕青宫，登阁攻书，当怜心苦分明，想见前贤此行坐；忧时搔白发，凭栏觅句，顿觉日穷苍茫，感怀故国岁沧桑。”但是“镇江说”也并非没有疑问，有人指出，移东宫藏书三万卷至镇江，这在当时是一件大事，但《文选》的序言中没有提及，史官也没有只字记载，《文选》的各种注本及后来的研究专著，也都没有论述，难道都是偶然的不约而同吗？此疑可谓不无道理。

文史工作者较多倾向的是“东宫说”，即《文选》是萧统居京都建康东宫时，招集文人编成。首先，东宫有足够的藏书，足供萧统阅读切磋，实无必要离开京都，做“移书三万卷”这种劳扰民众的事情。其次，萧统所处的时代，具有提倡儒学、广建佛学、百家争鸣的文学研究气氛。萧统在《文选》中贯注的“文质并重”，文章应“丽而不浮，典而不野”的文学主张，与当时浮诡、讹滥的文风，是水火不相容的。而这种文学上的辩论和斗争，只有在京都这一文化中心，才有意义并具较大的影响。第三，《梁书·昭明太子传》与《南史·梁武帝诸子传》都记载说：“太子孝谨天至，每入朝，未五鼓便守城门开。东宫虽燕居内殿，一坐一起，恒向西南面台。宿被召当入，危坐达旦。”可见，他并没有长期离开过京都，本传所说的萧统“出宫二十余年”句，只是说他于天监五年（506）六月六岁时离开大内，出居东宫而已，并不是说他离开京都长达二十余年，在招隐山编《文选》。

《昭明文选》在何处编就，虽无关大局，但终究是文学史上的一个问题。

莫愁女之谜

到过南京的人或许都曾徜徉在美丽的莫愁湖畔，湖水中央岛中，有一座汉白玉雕成的莫愁女像栩栩如生，仿佛要伴随着《莫愁啊，莫愁》的歌声翩翩起舞，令游人沉醉在美的意境中。但是，你可知道，莫愁女是否应在这里安家落户还是个问题呢！

莫愁，是我国古代文学作品中常常出现并为人赞咏的女子。南京的莫愁，相传是个能歌善舞的少女，《旧唐书·音乐志》记载说："《莫愁乐》，出于《石城乐》。石城有女子名莫愁，善歌谣。《石城乐》和中复有'莫愁'声，故歌云：'莫愁在何处？莫愁石城西。艇子打两桨，催送莫愁来。'"这是关于莫愁的最早记载，由此可知莫愁居于石城。后世将金陵称为石城，于是将莫愁故里定为南京。唐代诗人韦庄有《伤昔》诗曰："西园公子名无忌，南国佳人字莫愁。"明指莫愁是"南国佳人"。宋人周邦彦在《金陵怀古》词中也说："断崖树，犹倒倚，莫愁艇子曾系。"也将莫愁系于"金陵"。据此，人们认为这位石城莫愁女就住在现在南京水西门附近，号称金陵第一名胜的莫愁湖就是因她而命名的。

另外有人认为，莫愁是湖北人，因为湖北竟陵郡（今湖北钟祥）有石城。据《清一统志》记载，这里原是楚国别邑，名郊郢。三国时吴国在此垒石为城，始称石城。后西晋征南将军羊祜镇荆州，又在此固山筑城，因而石城之名就一直流传至今。《旧唐书·音乐志》曾说“《莫愁乐》，出于《石城乐》”，但在“石城乐”条即云：“《石城（乐）》，宋臧质所作也。石城在竟陵，质尝为竟陵郡，于城上眺瞩，见群少年歌谣通畅，因作此曲。歌云：‘生长石城下，开门对城楼。城中美年少，出入见依投。’”《乐府诗集》在收录《莫愁乐》和《石城乐》时，均列入“西曲类”，可见是将其发源地归于西楚而不是江东。因此有人以为，所谓石城莫愁，指的就是湖北石城的莫愁，由于人们把石城与金陵的别称“石头城”混为一谈，才会有金陵莫愁之说。

洛阳也曾有个莫愁女。梁武帝在《河中之水歌》中云：“河中之水向东流，洛阳女儿名莫愁……十五嫁为卢家妇，十六生儿字阿侯。”说的就是洛阳莫愁的身世。后来唐代诗人李商隐在《马嵬》诗中写道：“如何四纪为天子，不及卢家有莫愁。”相传莫愁是个勤劳聪慧的女子，李商隐才会有如此之叹。

有意思的是，还有人认为莫愁并不是柔弱女子，而一介堂堂须眉。袁枚《随园诗话》卷十四引宋人曾三异说：“莫愁乃古男子，神仙隐逸者流，非女子也。楚石城有莫愁石像，男子衣冠，见刘向《列仙传》。”莫愁是个男子，不仅有其说，还有石像为证，因此袁枚也只得认为：“亦可存此一说。”

南有莫愁，北有莫愁，金陵、竟陵、洛阳均有莫愁，究竟是同一个人？还是同名同姓的两个人抑或是三个人？人们无法断定。有人推测，洛阳莫愁后迁居到南方，才有了金陵莫愁和金陵莫愁湖。也有人认为，历史上就是有两个莫愁，如南宋的洪迈就持此说。至于莫愁究竟是男还是女？更无法定说。如果您有机会到江苏南京、河南洛阳或湖北竟陵一游，就请亲临其境，作一番考察和判断吧。

折扇是源于中国还是西班牙

人们都知道西班牙上流社会的妇女善用扇子，一柄扇子在看似不经意的展、合、摇曳等动作中，常常表达了其主人的喜怒哀乐，形成社交生活中独特的“扇语”。其实，我们的祖先也很会使用扇子，扇子不仅进入日常生活，而且与文学、书画结缘，形成独具特色的民族艺术。在传统戏剧舞台上，扇子更是不可或缺的道具：天子的“仪仗扇”显现出帝王的威严与庄重，儒将的羽毛扇蕴涵着智者的谋略与自信，小姐的团扇遮掩着丽人的娇羞与柔媚，媒婆的蒲扇展示出媒妁的热心与俗气……尤其是演小生的角儿，一柄折扇往往把风流倜傥的才子风度表现得淋漓尽致。然而，在历史学家眼里，舞台上的这把折扇是不可滥用的，因为折扇何时出现在中国，尚是未解的谜，稍一疏忽就易演出关公使步枪之类贻笑大方的事来。

那么，折扇究竟何时在中国出现的呢？

有人认为，折扇来自日本，宋元以后传入中国。明代陈霆《两山墨谈》卷十八记：宋元以前，中国未有折扇之制。元初，东南夷使者持聚头扇，当时讥笑之。我朝永乐初，始有持者，然特仆隶下人用以便事人焉耳。至倭国以充贡，朝廷以遍赐群臣，内府又仿其制以供赐予，于是天下遂遍用之。

又有人认为，折扇来自朝鲜，宋代已有。明陆深《春雨堂随笔》："今世所用折叠扇……东坡谓高丽白松扇，展之广尺余，合之止两指许，正今折扇。"苏东坡是北宋人，他十分形象地描绘了折扇形状，说明折扇出现于北宋无疑；又明言折扇乃高丽产物，想必当时确有原产于朝鲜的折扇，流传入中国社会。还有人认为，折扇确是出现于宋代，但来自于日本。根据是，宋王辟之《渑水燕谈录》的记载："熙宁末，余游相国寺，见卖日本国扇者，琴漆柄，以鸦青纸厚如饼，揲为旋风扇。淡粉画平远山水，薄傅以五彩，近岸为寒芦衰蓼，鸥鹭伫立，景物如八九月间，舣小舟，舟人披蓑钓其上。天末隐隐有微云飞鸟之状，意思深远，笔势精妙，中国之善画者，或不能也。索价绝高。余时苦贫，无以置之，每以为恨。其后再访都市，不复有矣。"（见宋江少虞《宋朝事实类苑》卷第六十《风俗杂志·日本扇》）王辟之见到的纸扇，不仅形制考究，而且已与书画融为一体，显然已不是初创时的形制。这说明或者折扇确实是从日本传来，或者宋代中国的折扇已制作得相当精妙了。

上述以为折扇是"舶来品"的观点，或还有疑问。有人查证古籍后发现，早在魏、晋、南北朝时期，中国已有折扇。清钱泳在《履园丛话》卷三《考索·扇》条中写道："或谓古人皆用团扇，今之折扇是朝鲜、日本之制，有明中叶始行于中国也。案《通鉴》：'褚渊入朝，以腰扇障日。'胡三省注云：'腰扇，佩之于腰，今谓之折叠扇。'则隋唐时先有之矣。"钱泳的这条考索提醒我们注意：一、宋元之际人胡三省的注称腰扇即"今谓之折叠扇"，再次证明宋代确实有折扇出现。

二、中国之有折扇还可上溯到南北朝时，查褚渊，乃南朝宋文帝的女婿，后任南齐尚书令。这就有力地证明了折扇不是“舶来品”，而是地道的国货。然而，与钱泳同时代的清代文字学家桂馥，在所著《札朴》中也载有“腰扇”一条，解释腰扇如腰鼓，谓中腰瘦减，异于团扇，并非折扇。今人周一良在所著《魏晋南北朝史札记》中，亦有有关“腰扇”的论述。他同意桂馥之说，云：“折叠之扇自北宋时始传入，南北朝时尚未有之。”如此而言，则折扇为国产之说尚可商榷。

还有人把中国出现折扇的时间，推至汉代。因为《汉书·张敞传》，在勾勒张敞放任不羁的性格特征时，说他骑马过街，“使御吏驱，自以便面拊马”。其中的“便面”即指扇子，张敞以此击马，按情理推论，此扇应是类似于折扇的样式，否则怎么用来击马？

折扇究竟是国产，还是舶来品？它究竟出现于汉、宋，抑或是明？虽然众说纷纭，终难得出为众人首肯的结论。难怪有人看到梅兰芳演《贵妃醉酒》，用一把描金纸折扇作道具来表现唐代杨贵妃的雍容与无聊时，要为这一精彩表演担心其于史无据呢。

火耕烧田的作用究竟是什么

火耕水耨，是中国南方古老的农耕法。《史记·平准书》曰："江南火耕水耨。"裴骃《集解》引应劭注曰："烧草，下水种稻，草与稻并生，高七八寸，因悉芟去，复下水灌之，草死，独稻长，所谓火耕水耨也。"《汉书·地理志》和《盐铁论·通有篇》等也都有类似的记载，至六朝时，"火耕水耨"之词更是频繁地出现在各种文献中，可见，这已是两汉六朝时期南方耕作方式的重要内容。

"火耕"一般是指春季稻作前放火烧掉稻田中上一年留下的干枯的杂草和稻秆的一道工序。南方有关烧田的记录很多，梁代徐陵就有"烧田云色暗""野燎村田黑"的诗句。它的具体过程，我们能从考古出土的画像砖了解一二：六个农夫在田中集体收获水稻，左边三人用镰刀割取稻穗，身后一人把收下的稻穗挑走，右二人用钹镰芟除已去掉穗头的稻秆。可见，农民收割时是有意留下稻秆，然后在耕种前芟倒晒干，与田中的枯草一起燃烧。这种只收穗头，弃秆于田的火耕法，直到近现代还在一些地区盛行。

那么，为什么要火耕烧田呢？过去一直认为是为了除草和施肥，如王仲荦在《魏晋南北朝史》中说："火耕水耨的原始耕种方法，发展到用粪来作肥料。固然火田在当时仍不失为施肥的一种办法……但是，从当时的农业技术水平来说，火田已不是唯一的施肥办法，更重要的是粪田了。”显然，他认为火耕的作用是为了肥田。

其后，刘磐修提出新解，他认为杂草大多以种子和根茎繁殖，种子秋季成熟后已落于地下，烧田只能烧掉妨碍整地播种的枯草，并不能真正起到除草的作用，正如白居易诗云：“野火烧不尽，春风吹又生。”再则，两汉六朝，南方稻田相继施用粪肥，并在田中种苕草堆积沤制绿肥和农家肥，已不再完全依赖烧取草木灰，然而此时的火耕并没有因此而遭淘汰。因此，他从实际效果逆推，认为火耕最重要的作用是防治病虫害。

水稻的病害往往由各种病菌、病毒引起，这些病菌、病毒寄生于上年的稻草和杂草上越冬，随稻草和杂草传播繁殖。我国的水稻病害很多，无论哪种病害发生，都可使收成减少百分之十到二十，大流行的年份则减收百分之三十到四十，严重的田块可达百分之五十，甚至颗粒无收。因此，早在周代，水稻虫害就已经引起人们的重视，发明了烧火防治的方法。《诗经·小雅·大田》云：“去其螟螣，及其蟊贼，无害我田稺，田祖有神，秉畀炎火。”（毛传：“食心曰螟，食叶曰螣，食根曰蟊，食节曰贼。”）此中的“秉畀炎火”似乎已经蕴含着稻作开始前烧田防治病虫害的方法。至两汉六朝，人们对虫害的认识更加深刻，且已认识到稻桩是越冬害虫的藏身之处。但是，挖除稻桩是一项费工费时的工作，因而当时的人们采取只收稻穗不收稻秆的办法，使收割后的稻田没有稻桩，迫使害虫只能寄宿于稻秆、稻叶以及杂草之中，有意识地使虫源处于最易被消灭的状态。第二年春寒料峭时，害虫还没有化蛹和羽化，一把燎原大火将越冬的病源、虫源全都焚毁，即使有少量孑遗已不能影响大局。火耕的方法简便易行，防治效果显著，因此，在没有任何防治药物的两汉六朝，南方水稻极少发作病虫害，种植面积不断扩大，水稻产量也稳步增长，使昔日地广人稀的蛮荒之地经过开发，崛起为继黄河流域之后古代中国又一个重要的经济基地。

相反，宋代以后，一年两熟的稻麦连种制在南方推广，由于种麦的需要，水稻必须连秆收割，火耕于是就不能再进行，水稻病虫害日趋严重，至明清时期已频繁爆发。以湖南为例，《醴陵县志》记载："近百年来……螟灾则凡数十见……小农与中产之家，往往一蹶而莫能再振。"1938 年湖南全省因螟虫为害而减产百分之三十八。这正从反面验证了火耕防治病虫害的重要作用。

当然，火耕的作用也许不会是单一的，在 20 世纪 70 年代的南方农村，农民收割完毕往往就在田里脱粒，稻秆一部分挑回家当柴烧，稻草灰除了留作他用外，一般也都撒回田里；另一部分则留在田里焚毁，但由于稻秆已成堆，所以并不能使田里的每一株稻桩都被火烧到。显然，其作用是以施肥居多。然而这并不排斥火耕防治病虫害说，火耕的作用或许本来就是兼而有之的。